PLAUFL PUBLICATION FUND 解放军外国语学院出版基金

外宣翻译与国际形象建构

“Translating” Publicity Texts:
For a Better Construction of China’s International Image

许 宏·著

时事出版社

图书在版编目（CIP）数据

外宣翻译与国际形象建构/许宏著. —北京：时事出版社，2017.2

ISBN 978-7-5195-0049-8

Ⅰ.①外… Ⅱ.①许… Ⅲ.①对外政策—宣传工作—语言翻译—研究—中国 Ⅳ.①H059

中国版本图书馆 CIP 数据核字（2016）第 302688 号

出版发行：时事出版社
地　　址：北京市海淀区万寿寺甲 2 号
邮　　编：100081
发行热线：（010）88547590　88547591
读者服务部：（010）88547595
传　　真：（010）88547592
电子邮箱：shishichubanshe@sina.com
网　　址：www.shishishe.com
印　　刷：北京市昌平百善印刷厂

开本：787×1092　1/16　印张：12.25　字数：172 千字
2017 年 2 月第 1 版　2017 年 2 月第 1 次印刷
定价：58.00 元

序

葛校琴

2015年5月，习近平总书记就《人民日报（海外版）》创刊30周年作出批示，充分肯定了《人民日报（海外版）》在外宣工作中发挥的重要作用，希望海外版“以创刊30周年为起点，总结经验、发挥优势、锐意创新，用海外读者乐于接受的方式、易于理解的语言，讲述好中国故事，传播好中国声音，努力成为增信释疑、凝心聚力的桥梁纽带”。2016年2月习总书记在主持召开党的舆论工作座谈会上又提出了在新的时代条件下党的新闻舆论工作的职责和使命，其中一条与外宣紧密相关的是“联接中外、沟通世界”，并强调要加强国际传播能力建设，增强国际话语权，集中讲好中国故事，同时优化战略布局，着力打造具有较强国际影响的外宣旗舰媒体。

如何“讲好中国故事”？如何“联接中外、沟通世界”？实际上，习总书记也为外宣工作者提供了解决方案，那就是“要加强国际传播能力建设”，“用海外读者乐于接受的方式、易于理解的语言”来讲中国故事。

军事外宣作为我国整体外宣的重要组成部分，同样需要讲好我们的军事“故事”。习总书记任中央军委主席以来，开始实行全方位的军事外交方略。我军涉外军事行动不断增加，如参加联合国维和、国际救援、亚丁湾护航、中外联演联训等。军队在国家整体外交中正扮演着越来越重要的角色，军事外宣工作需要迅速跟进。

语言是交流的媒介。由于外宣对象大部分为英语受众，英语必然成为外宣中最常用的语言。军事外宣如何用英语讲好中国的军事一直以来为本书作者所思考的问题。这里的“讲”，既指“说”，也指“写”，更指“译”。如何“讲”涉及了是（1）直接用英文讲还是（2）通过翻译来讲。前者是用英文直接书写外宣文本，如本书中列举的针对“辽宁号”的几则英文报道；后者是对现存的原语文本进行翻译之后产出的英语外宣文本。显然，本书的研究重点是在后者，因为外宣文本中的翻译问题正是外宣研究中经常忽略的议题，由此，本书的出版可以弥补这一不足。

本书对外宣文本从叙事学视角进行定位，认为外宣是一种叙事，外宣文本是一种叙事建构。叙事建构涉及材料选定、逻辑布排、作者立场等等诸多人为因素。应该说，这样的建构实是一种政治叙事的建构。本书从外宣杂志《中国军队》中提取了20多个汉译英样本用了一章的篇幅进行对比和描述，揭示了汉语文本在翻译成英文文本的过程中，对原文内容进行的不同程度的删除、改动和增添等，如删除修饰语、改变措辞或语序、增添背景信息等等。当然，这样的建构并非处处完美合理，其意在“用海外读者乐于接受的方式、易于理解的语言”讲述中国的军事，因此也是军事外宣翻译的必然之举。本书也详述了采取如此建构手段的言外因素和言内因素，并为如何优化军事外宣翻译流程提出设想。

翻译建构中各种方法的灵活应用是基于翻译者对两种语言和文化的深刻了解。对两种语言和文化的深刻了解就是我们所说的双语能力。外宣中经常强调外语能力，“国际传播能力”很大一部分是指人的外语能力。良好的外语能力在军事外交中的确可以赢得话语的主动权。但对军事外宣的翻译来讲，译者既要有外语能力，也要有母语能力，懂得如何在外语和母语之间实现灵活转换，如何让海外受众明了并接受，这才是一个具有良好双语能力的译者。从军事外宣翻译的现状来看，我们需要一支政治过硬、双语能力强的军事翻译人才队伍。

随着国际交往的不断扩大，需要翻译的领域日趋增多，翻译的需求也在不断发生着变化，原语中心论的翻译标准恐怕已经难以适应新的翻译需求。外宣翻译考虑受众的理解和接受，其遵循的是以译语为中心或以译语读者为中心的翻译标准。因此，结合传播学理论来认识和从事翻译，也许能把军事外宣翻译工作做得更好。从这个角度来讲，本书的研究既有意义，也有价值，更有拓展的空间。

我祝贺许宏的博士后出站报告得以出版，并期待她在军事翻译和外宣翻译领域产出更多的研究成果。

2016 年 12 月

目　　录

第一章　绪论

中国是一个负责任的大国，然而国际上仍会不时听到“中国威胁论”的声音，部分国外民众和政府仍对中国抱有一定程度的戒备、疑虑，乃至误解，我国的国际影响力还有进一步提升的空间。国家软实力的全面提升与国家的良好形象互为影响，如何让世界更好地了解中国，如何营造对我有利的国际环境和舆论氛围，已经成为时代课题。2007 年 2 月 26 日，温家宝总理在《社会主义初级阶段的历史任务和我国对外政策的几个问题》中指示：“要善于运用灵活多样的对外宣传和交往方式，尽量使用国际社会听得懂、易理解的语言和喜闻乐见的方式进行交流，增强宣传的有效性，努力引导各方面客观理性地看待中国的发展和国际作用，营造友善的国际舆论环境。”建构中国良好的国际形象，是时代性的课题。

第一节　选题缘起

2006 年 1 月 BBC 曾展开一项民意调查，其结论显示：39 个国家中有 20 个国家认为中国的软实力在上升，只有 13 个国家认为美国的软实力有所上升。如果问及中国的经济增长，反馈大多是正面的，而一旦问及中国军事实力的增长，情况立即改变：“17 个国家认为中国军事实力的增长带来的是消极而非积极影响。”①

这样的总体状况迄今没有得到明显改观。世界离不开“中国制

---

① Nye, Jesoph (et. al.) The Rise of China's Soft Power [EB/OL]. [2013 - 04 - 06]. http://www.jop.harvard.edu/.

造”的同时，我国的国际形象却未必能够符合我们自己的期待。为什么会出现这种看似矛盾的现象？固然，出于国家利益差异、意识形态差异等因素，海外媒体对我们的报道会存在抱有偏见的情况，可是，我们自己的对外宣传工作是否到位？外宣工作还是否存在改进的空间？

第二节　国家形象及外宣

国际形象，也称国家形象，是指某行为主体在国际上的形象，也就是国际社会对该行为主体的一个普遍性、概括性的认识。国家形象不是纯然客观的存在，不是照片，却有点类似于人们看照片的感受：同一张照片在不同的人那里可能会引起不同的感受。国家形象“是国家间进行交往互动的产物”，“渗透了评价主体对评价客体的道德判断和情感倾向”（董青岭、李爱华，2006：70）。对某国国家形象的认知离不开国家利益和政治背景等因素，国家形象往往是国家间博弈结果的体现（丁磊，2009：74—75）。

从整体看，当前国内学界对国家形象展开研究的较多，但对其中一个特定范畴——中国军队的国际形象——展开研究的相对要少。由于笔者本人的研究兴趣，本书主要研究军事外宣领域，书中所用译例也大多来自中国军队的外宣刊物或网站。本书的主题包括，讨论如何通过外宣翻译优化中国军队国际形象的建构。但本书并不局限于军事二字，书中提出的翻译原则及操作流程等，对国家形象的积极建构也具有同样充分的相关性。

军队形象是“军队的外在特征、行为表现和内在精神，在社会公众心目中形成的总体印象”（转引自王守福，2001：30），该定义是指一支军队在国内的形象。套用这个定义，中国军队的国际形象就是：中国军队的外在特征、行为表现和内在精神在国际民众心目中形成的总体印象。

国际民众对中国军队有什么样的印象，是两方面因素共同作用的结果：一方面是内在的，包括其固有的态度、立场、风俗、利益等，另一方面则在于我们呈现出什么样的形象。我们呈现的形象不仅在于中国军队做了什么、能够做到什么，而且还在于我们对外介绍了什么，又是怎么介绍的。国家形象的形成和建构往往通过两种途径：直接交往和大众传媒（丁磊，2009），军队国际形象的形成和建构亦然。中国军队要建构良好的国际形象，离不开对外宣传，离不开合宜的外宣文本。

《中国人民解放军内务条令》总则第七条规定，要“塑造军队文明之师、威武之师、胜利之师的良好形象”，文明、威武、胜利之师也正是中国军队理想的国际形象。“文明、威武、胜利之师”的形象可以具体分解为：和平正义、开放合作；英勇善战、训练有素；亲民爱民、文明礼貌（李剑、王永昌，2008）。军队的整体形象又是一个抽象概念，其形成离不开军人个体的形象，也离不开一支支部队的形象。中国军队的每一位军人、每一支队伍在仪容风度、行为举止、战斗力等方面的外在表现，以及在道德修养、履职尽责等方面的内在追求和不断自我超越，最终汇总、抽象为中国军队的整体形象。因此，表现并宣传了某位军人个人，或是某支部队在上述方面的良好表现和追求的，并且成功地让受众认同了文本所宣传的观点的，就是好的宣传文本；成功地让国外受众认同了文本所宣传的观点的，就是好的外宣文本。

然而，由于宣传对象发生了变化，很多情况下“好的宣传文本”并不等同于“好的外宣文本”，而外宣文本的质量直接关涉国外受众对中国军队形象的解读，关涉中国军队国际形象的建构问题。外宣文本如何书写，直接关涉中国军队国际形象的建构是否符合事实，也关涉建构出的是不是我们所期待的国际形象。

本书致力于从外宣文本的建构入手，研究国际形象的建构问题。本书主要察看外宣文本在语言转换——也就是传统所说的翻译——环节中，有哪些因素需要关注，以及应当怎样处理这些因素以便更好地赢取国外受众的认同。

第三节 文献综述

一、外宣

对外宣传简称“外宣”，指“针对国外境外对象所进行的跨文化、跨语言宣传活动”（吴杰明，2010，24）。其目的是“帮助外国人了解中国的各个方面”，以便“促进中外友好关系，赢得国际同情和支持，有利于我国现代化建设和祖国统一事业的实现”（段连城，2004：58）。为了避免“宣传”一词可能引发的负面联想，业界学界也曾使用过“对外传播”等术语，经过一段时间的概念辨析（段连城，2004；杨雪莲，2010 等），在当前的研究界，有不少人同意使用“外宣”这一术语。

我国对外宣传研究的奠基之作是段连城的《对外传播学初探》（初版于 1988 年，以下简称《初探》。本书引用的是 2004 年的修订版）和沈苏儒的《对外传播学概要》（1999 年初版，后修订为《对外传播学理论与实践》），“从事对外书刊宣传，如果能把这两本书研究透，基本要领也就掌握了”（黄友义，2000：12）。段连城在《初探》中写道：国际形象对对外关系的发展有着重要的影响，由于来华外国人能起到“舆论先导”的作用，做好与他们的“公共关系”非常重要，我们自己的外文传播媒介更要主动发挥作用，要形成一个“有效的、布局适当的外文传播体系”（2004：45—53）。从 20 世纪 90 年代起，我国的学术期刊中开始出现外宣研究方面的论文，不过集中性的研究出现在 2004 年以后，不仅期刊论文数量增多、探讨加深，而且以此为主题的硕士、博士论文、学术专著都开始出现。

外宣不完全等同于广义的汉译外。对外宣传是个广义的概念，涉及一系列活动、一系列行为，其中包括文本或口头话语的语言转换问题。从语言操作的方向上说，外宣活动所包括的环节涉及汉译外；另一方面，无论将什么领域、什么内容的汉语文本或话语翻译成外语，从长远来看必然是促进了外语读者对中国的了解，也就是起到了一定的宣传作用。但是，专门的外宣活动有明确的目的性，它有特定的出发点、行为主体、目标受众，有明确的、希望达成的效果，这是广义的汉译外行为未必具备的。

随着外宣研究的深化，具体的外宣领域得到了关注，例如军事领域的对外宣传活动。中国军队的对外宣传工作有着悠久的历史，但是，在各个不同的历史时期，“外”的具体界定有所不同。“军事外宣”作为一个概念出现，得益于胡锦涛主席“三个如何”的重要批示（即，如何塑造中国军队的形象？如何运用好舆论武器？如何增强中国军队的“软实力”?），这一批示直接促动了军事外宣工作的开展及研究。

军事外宣指“一切为了维护国家安全和发展利益，以国外受众为对象，通过各种形式、手段、渠道，有计划、有目的地向外界传播军事信息，宣传国家和军队的政治思想、意识形态、价值观念、国防政策的活动”（吴志忠，2010：4）。军事外宣最根本的目的是服务于“党和国家总体战略意图和军事斗争的需要”（吴杰明，2010：24），以塑造中国军队良好形象为主要任务，以运用舆论武器为重要手段，以增强中国军队软实力为根本目的。军事外宣的手段和内容多样，从官方角度说，不仅可以利用传统及新兴媒体进行舆论宣传，而且可以通过发布国防白皮书，举办新闻发布会和记者招待会，制作并发放对外宣传品、拍摄影视作品、建设开放部队，举办部队开放日活动，进行军事外交和军事合作等各种活动而展开，甚至在灾难救援等非战争军事行动中，在参加国际维和任务等场合，都可以进行对外宣传。在当今自媒体传播的时代，军事外宣的形式和手段更加多样化。

由于军事问题的敏感性和特殊性，军事外宣具备广义的外宣所不具备的某些特征。

首先，从其性质看，军事外宣具有鲜明的党性和政治性，有非常明确的目的，而且往往涉及高度敏感的话题。军事外宣做得好，能够很好地引导国际舆论，直接维护国家的安全利益和发展利益，有效提升国家和军队软实力。因此，从某种意义来说，军事外宣的迫切性和重要性甚至高于文化、经济等领域的对外宣传。

其次，从其内容看，军事外宣所谈论的内容有关中国军队各方面的建设。军队被赋予保卫国家利益的职责，因此，会有国外受众“天然”地对中国军队抱有好奇心。然而在国际交往中，不同国家的国家利益发生碰撞乃至冲突的情况在所难免，这时，捍卫中国国家利益的中国军队就会成为国际关注的中心，又因为某些国家认为中国对国家利益的维护会“损伤”到自己的利益并进行过类似表述和宣传，这就预设了部分受众一定程度的抵触情绪。如何消解这种抵触情绪、引导国际受众接受我们的立场和观点，帮助国际受众理解中国不会对世界构成威胁，这些军事外宣研究致力于解决的问题，也为这一领域带来了普遍意义的外宣所不具备的特性。

第三，从行为主体来看，进行军事外宣的是军人。有专职从事对外宣传工作的，如国防部发言人、中国军网外文网站的工作人员、军队主办外文或双语杂志的编辑等，也有普通官兵，如军营对外开放日中的普通战士。前者对军事外宣的整体把握是到位的，而后者则需要一定程度的“培训”。在做好日常工作的同时，如何结合所在部队的特点进行这些人员的培训，这也是军事外宣研究要解决的问题。

中国知网的搜索结果表明，我国对“军事外宣”的集中研究始于2007年，截至2013年3月31日，以“军事外宣”为关键词的期刊论文有33篇，以“军事外宣”为主题的有62篇（已排除相关性不强的搜索结果）。这些文章比较集中地发表于《军事记者》《对外传播》等期刊上，这表明相应的研究是具有一定的组织性的。[①]

军事外宣研究的组织性还体现在原总政治部宣传部主办的两件

① 2014年12月25日重新做了检索，结果如下：以“军事外宣”为关键词，期刊论文10篇，以“军事外宣”为主题，期刊论文46篇。数字有减少，不合常理，故而正文内容不作更新。

事上：一是 2009 年与清华大学新闻与传播学院联合开设面向国防定向生的军事外宣课程；二是 2010 年组织编写军事外宣系列教材。15 场专题讲座于 2010 年编撰成书《清华大学军事外宣课程讲座》，分别论述军事外宣的一些基本问题，如：性质特点、地位作用、中国军队对外宣传的基本理论和实践发展、方法手段和策略技巧、军事外宣工作者的能力素质要求、规律手段、主要经验等；系列教材分别为《军事对外宣传概论》（以下简称《概论》）、《军事对外宣传典型案例分析》和《军事对外宣传 30 讲》，其中《概论》是基础，分 12 讲，分别论述了军事外宣的性质特点、地位作用、指导理论、发展沿革、基本原则、目标对象、基本内容、方法手段、策略技巧、体制机制、队伍建设等 11 个方面，并专门介绍如何在多样化军事任务中有效进行对外宣传；另两本教材是对《概论》的完善和补充。

从对军事外宣手段的定义来看，广义的军事外宣无所不包，所有关于军事信息的对外宣传活动都属于军事外宣的范畴。因此，上至领导干部，下至基层普通官兵，都有可能接触到外宣工作。把这么宽泛的议题包括在一项研究之内，这是不切实际的；把所有可能参与军事外宣任务的人员都包括在“军事外宣队伍”中，也是不切实际的。原总政治部指出，要从根本上提高我国军事外宣的质量和针对性，必须建设一支专业的外宣队伍，本书就将研究关注点缩小到“军事外宣专业队伍”这一领域。

专业外宣队伍包括新闻发言人、外宣记者、业务骨干和专家队伍等。原总政宣传部对专业队伍的“业务骨干”提出了明确的能力素质方面的要求：“熟悉军事外宣的基本理论、方针政策和各项规定；了解军事外宣的基本规律、基本队伍和基本设施，懂得开展军事外宣的新闻媒介、基本特点和运作方式，懂得我军对外宣传的常用方法、我军对外宣传队伍的构成和作用，懂得现代传播技术，能够熟练使用对外宣传的主要装备，具备组织开展军事外宣的基本素质；会筹划安排军事外宣活动。”

上述素质要求所涉及的面已然很广，但唯独没有明确提及一项重要的素质能力——外语运用能力。最为理想的情况是，军事外宣的业务骨干能够直接运用外语进行对外宣传，但如果他们的外语能力不足，就不得不退而求其次，让专人来从事外宣文本的语言转换工作，也就是传统所说的翻译工作。

二、外宣与翻译

外宣有两个根本性的问题。一是“说什么”，即向国外、境外的目标受众传播哪些内容。这既需要战略的眼光和宣传的策略，又需要宣传者对某事件是否具备“传播价值”[①] 有明晰的判断；二是“怎么说”，即在“说”的过程中怎样组织语言，以便做到“说得好”，从而实现预期宣传目的。本书主要关注第二个问题，但在论述过程中也会涉及第一个问题。这是因为，译者在接到翻译任务时，会发现某些文本未必适合、或完全适合外宣场合，这时就需要反过来思考“说什么”，本书第五章第一节将涉及相关讨论。

即使是在同一文化内部，要表达同一个意思，话语方式的不同也会导致不同的接受效果，跨文化传播中同样如此。“说”的过程需要运用外语进行表达的能力，即通常所说的外语能力及翻译能力，[②] 但是在外宣工作中要做到“说得好”，远不是仅仅具备了足够的外语能力和翻译能力就够的。为了积极引导受众接受我方的观点，营造于我有利的国际舆论环境，“怎么说”涉及很多方面，例如说话者必

---

① 笔者未见有关“传播价值”的系统论述，但对“新闻价值”的有关探讨可资借鉴。1973年，Galtung和Ruge在《新闻建构与选择》（Structuring and Selecting News）一文中所提出了判断新闻标准的12项参数，得到了西方新闻界较广泛的认可（转引自辛斌，2005：84—85）。不过，有研究表明，中美两国新闻工作者在何为“最重要的新闻价值”方面存在很大的认识差异（薛中军，2005：233—239）。这就必然带来了如下问题：外宣工作者所传播的，也许未必是目标受众认为有价值的内容，而目标受众可能感兴趣的内容，外宣工作者又可能恰恰没有认识到其传播价值。在当前的外宣工作中确实能看到这一对矛盾的表现，本书第三、第四章将有所论及，也谈到了一些对策，但本书的组织并不以试图解决本矛盾为其中心构架。

② 外语能力不能与翻译能力画等号，外语好并不意味着能够做好翻译。这方面已有很多论述，本书不赘。

须了解目标受众的文化传统、政治倾向、民族情感、思维方式、阅读习惯、期待视野等，以便能够比较准确地预判目标受众对某事的态度立场及阅读期待，并据此调整话语方式。

我国当前外宣工作的现实情况是：有以外语直接书写的外宣材料，更有先有汉语底稿，再进行翻译的外宣材料，因此，翻译就成为外宣研究的一个角度。2004 年，时任外文局副局长的黄友义提出“外宣三贴近”原则，即在遵循翻译的“信、达、雅”标准之上，要贴近中国的发展实际、贴近国外受众对中国信息的需求，贴近国外受众的思维习惯（黄友义，2004：27）。“三贴近”原则很快成为外宣翻译的基本原则。目前该领域的研究不断深化，已经出现不少从思维对比、受众需求、功能对等、修辞手段等不同角度进行阐述和分析的论文，为做好外宣工作提供了借鉴。

上海外国语大学有一批围绕外宣翻译进行研究的博士论文，其中刘雅峰（2009）研究译者在翻译过程中有意识和无意识所做的适应与选择，杨雪莲（2010）认为外宣翻译的原则是保证宣传材料质的准确、量的充分，同时要保证可读性和可接受性，仇贤根（2010）从外宣翻译的任务和特点、挑战和原则、译员应该具备的素质、当前存在问题、翻译策略等方面进行了综合讨论。此外还有其他一些专著，如衡孝军的课题组（2011）以北京市的外宣用语为个案研究对象，从语言、文化、翻译三个角度深入分析了外宣翻译的特点，并提出了改进的策略和建议，陈小慰（2011）从“新修辞”的角度进行翻译研究，论及外宣翻译要培养和加强受众意识，加强对英汉修辞传统差异的了解，有效与受众建立认同，从而提升外宣质量。这些研究成果有助于进一步做好广义的外宣，为做好军事外宣工作提供了积极借鉴。

综上所述，在军事外宣这一研究领域，除了探讨军事外宣的理念、宣传议题的策划和设置、宣传的策略、手段、分寸，分析当前存在的问题而外，也已经有学者结合具体案例研究某翻译现象或翻译原则，应该说，整体框架的构架已基本完成。不过，我国军事外宣研究的现状是：对“说什么”研究得较为深入透彻，而对“怎么说”的研究才刚刚开始展开；宏观的、指导性的研究基本到位，而微观的、能为具体操作提供帮助的研究尚待深入。

第四节 研究目的

本书属应用研究的范畴，意图借鉴叙事、传播、翻译、修辞等角度的既有研究成果，综合探讨在外宣活动中，如何用外语文本的建构为国际形象的建构服务。本书致力于为外宣的“怎么说”提供思维依据及操作流程。

从中国军队当前通用的外宣工作模式看，我们需要两支专业队伍：一支是撰写外宣材料的专业人才队伍，主要考虑议程设置、话题操控、材料选择等问题；另一支是把中文撰写的外宣材料转换成外语（其中包括通常所理解的翻译行为）的专业人才队伍。本书主要针对这第二支队伍，预设的前提是这些翻译工作者已经具备非常好的外语能力和翻译能力。此外，有不少外宣工作者直接使用外语，本书也能为其提供参照借鉴。本书以英语为目标语言，但书中提供的操作流程，以及在分析过程中所运用的思路和原则，对以其他语言进行外宣也有帮助。

军事外宣的领域宽广，内容庞杂，形式多样。为了加强针对性，本书聚焦于传统的笔译范畴，主要研究素材选自《中国军网》《国防部网站》和英汉双语版《中国军队》。本书在抽样调查的基础上对外宣译者的文本操作行为进行归纳，并从叙事学的相关思考入手，研究如何通过建构优质的军事外宣文本来为建构中国军队的良好国际形象服务。本书从翻译流程入手，思考译者每一步的思路原则、操作依据以及具体手段。

第二章　从叙事学视角看对外宣传

顾名思义，“叙事学”研究“叙事”。那么叙事是什么？我们先姑且含糊地理解为“讲故事”。先来看看冯梦龙在《古今谭概》中讲的一则非常短小的故事：

> 欧阳公在翰林时，常与同院出游。有奔马毙犬，公曰：“试书其一事。”一曰：“有犬卧于通衢，逸马蹄而杀之。”一曰：“有马逸于街衢，卧犬遭之而毙。”公曰：“使子修史，万卷未已也。”曰：“内翰云何？”公曰：“逸马毙犬于道。”相与一笑。

在分析这个故事的时候让我们先用上“叙事”这个术语。这则故事本身是叙事，而且故事中又包含了对同一事件的三类不同的叙事。“奔马毙犬”和欧阳修的“逸马毙犬于道”属第一类，“有犬卧于通衢，逸马蹄而杀之”是第二类，而“有马逸于街衢，卧犬遭之而毙”是第三类。在第二和第三类中，叙事者明确用文字表达了因果关系：一个说因为狗趴在了路口，所以被疯跑的马踩死了；另一个说因为马突然发疯乱跑，路边趴着的狗遇上这匹马，所以死了，不过没有说明是撞死的还是踩死的。再仔细分析，还可以看出叙事者对这件事情的态度：在第二类叙事里，狗趴在路口这么个不该停留的地方，多少有点咎由自取，而在第三类叙事里，狗是无辜受害。

在分析这则故事中记载的欧阳修的叙事之前，不妨先分析讲故事者冯梦龙的叙事。《古今谭概》是一部故事汇编，清代李渔对它的评价比较耐人寻味——“述而不作，仍古史也”。也就是说，李渔认为虽然冯梦龙只是收集、记录了一些故事，也没有用“太史公曰”

一类的语言直陈自己的观点，但这本书仍然具有史学价值。从叙事学的理论来看，李渔的这个认识是非常有见地的，因为在任何叙事中，叙事者的观察角度，以及叙事者对故事的陈述本身就可以反映出一定的问题。甚至可以说，没有哪个叙事可以做到真正客观。[①]

冯梦龙的这则叙事也不是真正客观的。他把故事放在《唐宋八大家丛话》里，显然主角是欧阳修。注意，冯梦龙对欧阳修的称呼是“欧阳公”，后来简称为“公”，故事中还借人物之口称呼为“内翰”，另两个人则根本没有称呼，也就是没有身份——在这个故事里不需要给他俩身份。冯梦龙正是通过这样一种身份表述方式的对比，以及三人话语方式的对比，不动声色地引导着读者去“正确地”解读这则小故事。我们根据冯梦龙的讲述方式，能够得出什么结论呢？很自然，在他的引导下，我们的结论就是“欧阳修文字功夫了得”！符合叙事者表达意图的解读，就是“正确的”解读，而叙事者为了保证自己表达意图的实现，总是会在文本中留下足够的线索去引导读者。

冯梦龙叙事的另一个关键词应该是“修史”。在中国古代，从理论上说，史官最后写定的文字，是当朝皇帝无权去看、更无权要求改动的，因此史官就具有了独立的地位以及神圣的职责，是必须对历史负责的那一群人。史官修史所用的文字应该尽量简洁，同时应当客观、公允、避免个人立场。“修史”两个字出现之后，读者也会受到引导，会不由自主去研判故事里的三种讲述是否符合修史的要求，从而研判讲故事者的能力，等等。

现在可以分析该故事中欧阳修的叙事了。“逸马毙犬于道”文字简洁，表述客观，符合我国普通读者对史书记载文字风格的期待。不过，仔细分析之下依然可以看到叙事者对事件因果的判断——“逸马”的“逸”表示马是“因”，是肇事者，“毙犬”则是事件的“果”，“于道”则是记录了故事的发生地点——叙事者并非没有立

---

① Narratives allows us “not only to relate events, but also stances and dispositions toward those events”. (转引自 Baker，2006：10)

场，只不过他的立场表述比较隐蔽而已。

冯梦龙叙事的最后四个字“相与一笑”为对该叙事的解读留下了空间。“笑”这个动作是谁发出的？主语是谁？得益于汉语的语法特征，这里的主语被叙事者冯梦龙或有意或无意地省略了。这个人或这些人又是怎么笑的？苦笑、微笑、哈哈大笑？借用格式塔心理学的术语，就是叙事者在这里留下了一个空白。如何填补这个空白取决于阅读者的“先结构”①。所以，在解读整体符合冯梦龙叙事意图的基础上（即欧阳修的叙事更佳），有人将之理解成“那两个人脸红地相互笑了起来”② 是不无道理的。当然也可以像笔者一样，将之理解为“三人互相看了看，笑笑，然后离开了这个地点”。通常情况下，解读都以叙事中既已表达的因果链为基础，再加以延伸。认为欧阳修的叙事更佳，在一定程度上也表明大家更愿意接受欧阳修的叙事方式。

从这个小故事中可以总结出这样几层意思：一是文字表述都是叙事；二是叙事中表达了因果关系；三是叙事者必然会表达出自己的观点、立场、身份，虽然有时立场表述是隐蔽的；四是立场表达隐蔽的叙事有时更容易得到接受；五是叙事者会通过语言的安排，帮助读者做出符合他叙事意图的解读。

现在让我们回头来看“叙事”（narratives）这个术语。③ 热奈特（Gérald Genette）曾下过一个宽泛的定义，认为叙事就是“用语言把一个或多个事件表述出来”（转引自 Currie，2010：33）。根据这个定义，任何表述（包括书面表述，也包括口头表述）都是叙事。因此，小说是叙事，新闻报道是叙事，甚至科学实验报告也是叙事，

---

① 海德格尔指出，人对事件的理解总是在历史所限定的一套范畴中开始，认知的过程总在一个阐释循环的范围内展开，解释植根于我们预先已有的东西之中（Heidegger，1962：191）。

② baike. soso. com/v17788158. htm. ［2014－02－03］.

③ 从其历史发展看，可以大致划分经典叙事学和后经典叙事学。前者“大致对应于20世纪六七十年代的法国结构主义叙事学”，后者则“兴起于20世纪90年代初”，“跨越了‘文学叙事的局限，表现出对新兴媒体与叙事逻辑’的兴趣。”（转引自 Pier，2012：81）本研究的主要兴趣在于后经典叙事学。

因为它们都符合叙事的基本特征，即：按照某个顺序用语言将事件组织起来，在表现形式上都有“头、腹、尾”（a beginning，a middle，an end）（Baker，2006：10）。

科里（Gregory Currie）认为热奈特的定义不够精确。他补充说，叙事的表述过程中必然表达了事情的前后因果（Currie，2010：33）。而海勒斯（Katherine Hayles）则干脆认为，是否能够成为叙事，就取决于其表述过程中是否建构了一种关系，通常是因果关系①（Hayles，1995：114）。从上文“逸马毙犬于道”的例子可见，因果关系赋予了叙事一种“情节”和一种解释，正是语言表述中对因果的安排表达了叙事者的主观认知以及身份立场。

叙事不可能中立，因为叙事本就是叙事者为了某个意图而“制造”出来的（an intentional communicative artefact）（Currie，2010：7）。叙事者会在语言的组织中或隐或显地提供线索，以便阅读者能够准确地解读出这个意图，最终目的当然是希望阅读者能够接受叙事者意图表达的观点和立场。

更重要的是，叙事不仅仅是在表述事实，叙事还赋予意义（Riessman，1993：4），所以叙事在某种程度上是在对事实进行建构（转引自 Baker，2006：17）。通过叙事，作家可以建构出一个栩栩如生的虚拟世界，如莫言的山东高密乡。在现实生活中叙事也可以起到建构作用，日本某些右翼分子一味否认二战期间军国主义罪行的叙事就是一个例子，因为他们的这种否认不只是一种言语行为，而且产生了不可谓不深远而广泛的影响。

从宏观来说，文化和传统的形成都离不开叙事，因为历史记录本身就是叙事文本。我们是谁，我们是什么样的人，我们应该做什么、应该怎么做，这些认识都来自叙事。不妨说，学校教育的过程其实就是让学生接触并最终接受一系列彼此相关的叙事的过程。从微观来说，个人的成长、个性的发展和完善，也都和从小到大所接

① To count as a narrative，a story must explicitly or implicitly constitute relationships，usually causal，between the events it relates.

触的种种叙事密不可分。叙事的重要性不言而喻。

那么叙事的阅读者（本研究中，“受众”和“读者”两个词互换使用）扮演什么角色呢？首先，读者不可能摆脱自己的“先结构”，他的先结构中也包括他对某事的初始态度；其次，阅读的过程会带来先结构的变化，例如读者可能因为接触到了新的事实而导致了态度的改变，也可能因为拥有了更多的信息而加固了原有的态度。还以“逸马毙犬于道”的叙事为例，随着笔者这个读者的先结构不断发生变化，读后的反应也在不断变化：笔者第一次读到它的时候还在上中学，觉得好玩之余，愈发崇拜欧阳修。后来学了一些文学理论，回想起这个故事的时候，感兴趣的是三个人不同的视角。再后来试图从叙事学理论出发，就又得出了上文的分析。

事实上，读者和作者一样，也是叙事的主动参与者。作者希望达到的解读效果是否得到了实现，要看读者的反应。叙事是否能取得作者所期望的成功，读者是最终的裁决者。

读者会受到叙事的影响，不仅因为其先结构可能随之发生变化，而且因为他选择相信或不相信这则叙事，最终将决定他会采取什么行为（Baker，2006：3）。

第一节　外宣文本是一种叙事

军事外宣文本符合叙事的定义和特点。军事外宣文本是一种叙事，而且是一种意图性非常明确的公共叙事（public narratives）。军事外宣的目的之一是让目标受众乐意接受叙事文本本身，对中国军队拥有友好的态度。

公共叙事的叙事主体是某种社会机构，其中包括媒体和国家。受众可能选择相信某公共叙事，也可能选择不相信它，如果某则叙事中“包含了某些内容，而受众从自身的身份和认知出发感到不易认同这些内容”，那么这则叙事就不易得到接受（转引自 Baker，2006：33）。军事外宣这种公共叙事，目标受众来自其他的文化背景和思维背景，拥有不同的政治立场和价值观判断，他们所习惯的叙事，从常见内容到意识形态到语言风格等，都可能与我们的存在极大不同。与此同时，军事外宣这种叙事又以得到受众接受为目标，希望目标受众能够受到影响然后做出符合我们期待的行为。这看起来是一对矛盾。为了克服这个矛盾、实现军事外宣的宏观目标，就要先了解叙事的一些基本性质和特点手段。

一、选择性采用（selective appropriations）①

叙事者总是从所有的事实中选择出一部分作为材料，然后将之组织成符合自己意图的整体。“选择什么材料取决于情节（plot）或曰主线（thematic thread）”，更重要的是取决于叙事者认为（哪怕只是潜意识中认为）什么重要、什么不重要（sense of significance）（转引自 Baker，2006：72）。如果需要将叙事文本转换成其他语言，选择性采用还包括通过添加或删减等方式改动原文中的措辞方式（Baker，2006：114）。

2012 年 9 月 25 日，中国首艘航母“辽宁号”交接入列。笔者下载了中、印各一家媒体对此事件的新闻报道各一则（报道全文见附录 1《“辽宁号”报道 2 则》）。对比分析可以例证，选择性采用是叙事者的常用手段。

谈到中国是世界上第十个拥有航母的国家时，两则报道的具体措辞如下（两段引文各是原报道中的两个自然段）：

> (Xinhua): The ceremony made China the tenth country around the world and the last among the five permanent members of the U. N. Security Council to have an aircraft carrier in active service. ②

---

① 本书所用的术语，采用赵文静在《翻译与冲突》中的译文，虽然笔者认为其中的某些译法值得商榷。如下文的 temporality 赵译为“时间性”，笔者以为“时间组织”更为确切。

② China's first aircraft carrier commissioned [EB/OL]. (2012-09-25). [2014-02-05]. http://english.people.com.cn/90786/7960292.html.

(the Hindu): The commissioning of the Liaoning makes China the tenth nation to have an aircraft carrier. The development comes amid rising strains between China and Japan over the disputed Diaoyu or Senkaku islands in East China Sea. ①

新华社的报道说中国是全世界第十个、五个常任理事国中最后一个拥有航母的国家。对事实进行这样的挑选，其背后的“情节”或曰“主线”在于：中国所为与中国的大国地位相当。下文又说航母主要用于科研和训练，叙事中对事实的采用与组织力图表达中国的和平意图，为中国和平发展这一宏观叙事服务。

对比 the Hindu 的报道。在“第十个国家”之后紧接着的内容是“该事件的背景是中日钓鱼岛之争持续升温”。与之相匹配的是，该报道的下一个自然段说东南亚很多国家正在积极谋划与美国加强防务方面的联系，再下一个段落特地引用了中国人民解放军国防大学学者房兵（音）接受新华社采访时所说——航母将大大拓展作战半径，提高防御能力。对比可见，印度该报道的叙事者对材料的选择和安排试图引导读者做出符合“中国威胁论”的解读。

这则报道的叙事者还使用了一个非常隐蔽的选择性采用的手段。请对比：

(Xinhua): According to the CMC, after being commissioned to the Navy, the Liaoning will continue to serve for scientific research purposes, as well as military training. ②

---

① Krishnan, Ananth. China commissions first aircraft carrier Liaoning [EB/OL]. (2012-09-25). [2014-02-06]. http://www.thehindu.com/news/international/china-commissions-first-aircraft-carrier-liaoning/article3935971.ece.

② China's first aircraft carrier commissioned [EB/OL]. (2012-09-25). [2014-02-05]. http://english.people.com.cn/90786/7960292.html.

(the Hindu): The PLA said the carrier would continue to serve "for scientific research purposes" besides military training. ①

The Hindu 的报道在“用于科研目的”几个词上打了双引号。新闻报道用双引号通常是为了表示引用，表示有明确来源、确凿可靠，而该处的双引号看起来是为了表示引用，但恰恰因为“以及军事训练”这几个词在引号之外，引号的使用就构成了一种暗示：中国人是说了“为科研目的”，但身为叙事者的我未必能够信任这种说法，不过我倒确实相信他们会用这艘航母进行军事训练。

对比这两则叙事可见，同样是对“辽宁号”开始服役这一事实进行报道，同样有导语、有正文，符合新闻报道语体的常见规范，同样采用了新闻报道的“客观”的语言风格，但两则叙事试图引导受众得出的解读是截然不同的。选择性采用是叙事者常用的一个技巧。

二、时间性（temporality）②

大多数叙事者使用时间顺序将不同的事件组织到一起。时间性关注的就是组织事件所采用的这种时间顺序，因为如何对时间顺序进行组织本身是具有意义的（Baker，2006：50—51）。不同的人可能都看到了同样的“事实”（facts），但对于应该怎么理解这些事实之间的相互关系会有不同的看法。时间性是构成因果情节设置（causal emplotment）的一种方法，可以直接或间接引导受众对事件的因果关系形成某种推理。时间性直接为叙事者的意图服务，为了让受众接受叙事者对因果关系的阐释，叙事者必须在时间性上下

① Krishnan, Ananth. China commissions first aircraft carrier Liaoning [EB/OL]. (2012-09-25). [2014-02-06]. http://www.thehindu.com/news/international/china-commissions-first-aircraft-carrier-liaoning/article3935971.ece.

② 本书采用赵文静教授在《叙事与冲突》汉译本中采用的术语译法。不过笔者认为此处如译为“时间组织”则更加到位，也已与赵教授就此译法进行过商榷。

功夫。

时间性有时也与空间顺序相关。在特定的文化中，对空间位置及空间顺序是有默认认知的。例如，现代汉语遵照从左往右、从上往下的阅读顺序，所以如果是图片新闻，而且图片之间如果有逻辑顺序的话，正常的排列方式就是由上往下，同一行中的是由左往右。

与图片排列相同，词汇排列的空间顺序也可以看作时间性的一种方式。如果两个名词并列，而且叙事者没有使用 as well as 等强调并列项之间相对“权重”的连接词，那么先出现的那个词汇自然先被读者接收到，从而先留下印象。词汇的排列顺序也可以成为为叙事意图服务的手段。例如同样是报道“辽宁号”由购自乌克兰的“瓦良格号”改装，而且经过了一定时间的检验，不同的时间性排列方式就带来了不同的阅读效果。换言之，不同的叙事者采用不同的方式来进行建构，并且最终会在受众那里产生某种影响（请注意下划线部分）：

(Xinhua): The carrier, formerly known as the Soviet ship Varyag, was renamed Liaoning and underwent years of <u>refitting efforts to install engines, weapons, as well as a year-long sea trial.</u>[①]

(the Hindu): The unveiling of the 300 metre-long Liaoning, a refurbished and upgraded version of the Soviet carrier Varyag which China purchased from Ukraine, <u>came after years of sea trials and tests to fit the carrier with weapons and engines.</u>[②]

---

① China's first aircraft carrier commissioned [EB/OL]. (2012-09-25). [2014-02-05]. http://english.people.com.cn/90786/7960292.html.

② Krishnan, Ananth. China commissions first aircraft carrier Liaoning [EB/OL]. (2012-09-25). [2014-02-06]. http://www.thehindu.com/news/international/china-commissions-first-aircraft-carrier-liaoning/article3935971.ece.

在中国官方叙事中，先说在动力设备方面进行了改装，然后说也加装了武器系统；而 the Hindu 这则报道的时间性恰好相反，将“武器”放到了“动力”之前，“武器”一词因而得以突出。时间性在这里也被用作一个隐蔽手段，引导受众做出符合叙事者所期待的解读。

三、复现的故事情节（recurring storylines）

如果某情节或措辞（笔者认为 storyline 也可包括措辞）不断重复，受众会在潜移默化中接受它。后来再遇到其他叙事的时候，符合这再次出现的情节或措辞的，就更容易得到接受（Baker，2006：82）。

例如，“美国梦”系列叙事已传播多年，得到了很多人的接受，美国也被不少人理解为一个能够使梦想成真的地方。应该是出于这个原因，奥巴马在竞选连任的时候，第一夫人米歇尔·奥巴马在民主党全国代表大会上发表的一场演讲，就紧紧围绕着“美国梦”这个主题而展开。她演讲的内容似乎都是生活和家庭中的琐事，但全都事关梦想与梦想的实现——奥巴马和她当年如何实现梦想，他们现在打算如何帮助更多的人实现梦想。媒体评价她“成功地把个人经历和政治联系到了一起”，成功地收获了大量女性选民的支持。① 奥巴马连任获胜，米歇尔这场演讲的贡献不容低估。在这个事件中，正是“重复出现的情节或措辞”在起关键性的作用。

“中国梦”是我国近期的一个热点词汇，或者说是我国近期叙事的一个关键词。习近平主席的这个提法不仅很快得到了国内民众的

① McGregor，Jean. Michelle Obama's Democratic National Convention speech：transcript and leadership analysis［EB/OL］.［2013－06－12］. http：//www. washingtonpost. com/blogs/post-leadership/pos/michelle-obamas-democratic-national-convention-sppech-transcript-and-leadership-analysis/2010/09/05/f41a7b9c－f767－11el－8b93－c4f4a－blc8d13_ blog. html.

认可，而且在国际上收获了积极回应，[①] 其中部分原因是这个措辞容易让人想到“美国梦”，而这样的联系为“中国梦”系列叙事在国际上的接受打下了一些基础。人民网理论频道曾整合编发习近平同志的15篇有关讲话，时间跨度自2012年11月29日参观《复兴之路》展览始，到2013年6月11日观看神舟十号发射止，[②] 系列讲话是习近平主席本人对“实现中华民族伟大复兴，就是中华民族近代以来最伟大的梦想”的系统阐释。与此同时，关键词“中国梦”已得到我国各界的接受：国家互联网信息办公室组织全国百家新闻网站展开为期数月的“‘中国梦·我的梦’——全国百家网站寻找追梦人”大型主题采访活动；[③] 上海社科院和中国外文出版社联合组织召开了由来自20多个国家的学者参加的对话会；[④] 更能说明问题的是民间也在主动以各种形式完善充实这个叙事，在2014年中央电视台的春节联欢晚会上，黄渤演唱的《我的要求不算高》就是一个生动的例子。可以预计的是，随着“中国梦”系列叙事的不断完善和深入，这个措辞会因为其本身得到世界上更多受众的认同和接受。

四、体裁及常规（genre）

体裁及常规不仅从大致上规定了叙事的措辞和风格、长短等基本组成要素，而且为正确解读叙事提供了一种框架。例如诗歌“应当”（expected to be）抒情，可以充满诗人个人化的因素，而新闻报道则“应当”客观，报道者要尽可能地“隐身”（invisible）。在大多数情况下，如果叙事符合常规，就能符合受众的这种普遍期待，

---

① Making the “Chinese dream” a reality [EB/OL]. (2013-12-08). [2014-02-06]. www. china. org. cn/china/Chinese_ dream_ dialogue/2013-12/08/content_ 30834386. htm.

② theory. people. com. cn/n/2013/0619/c40531-21891787. html [EB/OL]. [2014-02-06].

③ theory. people. com. cn/n/2013/1218/c148980-23870693. html [EB/OL]. [2014-02-06].

④ Intl dialogue on Chinese Dream held in Shanghai [EB/OL]. www. chinadaily. com. cn/china/2013-12/07/content_ 17159559. htm.

这也正是帮助受众正确解读该叙事的一种手段（Baker，2006：87）。虽然现实生活中有很多叙事恰因打破了常规及期待而获得成功，甚至能够推动常规本身发生变化，[①] 但是在外宣这个领域，由于面对的是其他国家和文化的受众，在绝大多数情况下，叙事者仍必须尊重并遵照相应体裁及常规。

叙事要尊重体裁及常规，也包括要尊重既定的目标受众对某事的基本理解。叙事者必须考虑到不同的文化及心理因素。换言之，同样的内容或者同样的措辞，面对来自不同文化的受众，就可能引发不同的心理反应，从而导致不同的接受态度和接受效果。

我国的宣传报道中有些常见的措辞风格不同于英语新闻报道这种体裁的常规做法。例如 2011 年第 3 期《中国军队》杂志第 93 页有一幅图片，图片内容是爆炸所产生的火焰，所配的文字说明是“工程兵直前破障，障碍物瞬间灰飞烟灭”。从中文的阅读习惯来看，该文字说明生动有力，有利于叙事者对图片效果进行渲染。但英文报道的常规要求尽力避免夸张的用词（如“瞬间”、“灰飞烟灭”），否则会引起读者的质疑甚至反感，并最终影响到对整则叙事的接受。该图片说明的英译文就使用了非常平实的语言：Engineers break barriers. 看似“不忠”于原文，但因为遵循了常规，反而能起到预期的宣传效果。

五、起框定作用的角度（framing effect of point of view）

这里的“角度”有两层含义。第一层含义是就某一事件，叙事者占有什么资源又缺乏什么资源这一事实（Currie，2010：89）。相传孔子登东山而“小鲁”，登泰山而“小天下”，借用叙事学的分析框架，就是因为孔子所占有的资源产生了变化，可供选择的叙事角

① 以文学作品为例，庞德的意象诗打破了美国读者对诗歌叙事方式以及审美感受的期待，福克纳等作家的意识流作品打破了读者对小说应该完整地讲故事的期待，并最终推动了文学形式的变革和发展。

度随之发生了变化，最终的叙事也因而产生了变化。

另一层含义是，在所占有资源不变的情况下，叙事者选择从什么角度进行表达。不同的表达角度——或曰建构角度——会对该叙事能否得到预期接受产生一定的影响。起框定作用的角度在宏观和微观两个层面上都可以发生作用，前者是一种全局性的选择，下文将举例说明（参见第四章第二节第二个问题）；后者则可以具体到每一句的措辞。例如：有十个人组成了一个小组，就某一提议组内有九人同意而一人不同意，叙事者至少可以选择以下几种角度：

A. 该小组只有一人持不同意见。
B. 该小组有十分之一的人持不同意见。
C. 该小组绝大多数成员都表示同意。

这三种措辞方式所表达的内容似乎是一样的，但因为角度不同，所以效果也不同。如果叙事者希望受众认为这个提议是正确的，是应该得到采纳的，他最不可能选择的表述是方式 B。

“角度”这个概念对于叙事者来说也有非常重要的意义。还看上文所举 the Hindu 对“辽宁号”报道的例子，其中叙事者说了这样一句话（请注意下划线部分）：

> The development comes amid rising strains between China and Japan over the disputed Diaoyu or Senkaku islands in East China Sea. ①

这种叙事角度看似中立，没有表述叙事者的个人立场——即，

① Krishnan, Ananth. China commissions first aircraft carrier Liaoning [EB/OL]. (2012-09-25). [2014-02-06]. http://www.thehindu.com/news/international/china-commissions-first-aircraft-carrier-liaoning/article3935971.ece.

没有在互相对立[①]的中国官方措辞“钓鱼岛”和日本官方措辞“尖阁列岛”间做出选择，而是将二者并列放在那里，有助于无论熟悉哪一种措辞角度的受众都能立即理解到正在谈论的问题是什么——实际上却恰恰通过这种并列让受众意识到：中日两国正激烈争论该群岛的归属问题。叙事者看似中立的角度选择恰恰表明了他自己的立场和态度，为其叙事意图服务。

角度能起到框定作用。也就是说，叙事者对角度的选择在一定程度上限制了受众的解读，或曰引导了受众的解读。

上文通过一些例子表明，在材料选用、时间组织、情节措辞、体裁常规，以及角度选择等方面，叙事者都可以采用一些技巧，包括隐蔽的技巧，引导受众做出某种解读。换言之，叙事文本建构的方法会影响受众对该文本所涉及事件的接受态度，接受某文本，其实就是接受了叙事者的态度和立场。为了能够得到更好的接受，军事外宣的叙事者应该了解、掌握、熟练运用这些技巧。

第二节　外宣文本：叙事与建构

外宣这种公共叙事，不仅有明确的目标受众，而且有非常明确的叙事目的。要想通过外宣文本建构中国良好的国际形象，首先就应该在外宣文本的组织上下功夫。文本建构和中国的国际形象建构密切关联。

外宣最根本的特点就是目标受众来自其他文化。叙事学的理论认为，一个人能不能接受某则叙事，和他的历史、文化有关，也与他的个人经历等因素相关。正是在所有这些因素的综合作用下，他逐渐形成了自己的价值评判，包括是非判断。

来自不同国家和地区，拥有不同背景的人对同一件事的立场不

① 相互对立的命名体系（rivaling systems of naming）也是贝克在《翻译与叙事》中提到的一个重要概念。

同，这是很自然的现象。上一节谈到 the Hindu 对“辽宁号”开始服役的报道，从那则叙事中可以看出，叙事者认为中国发展航母会给印度以及东南亚带来潜在威胁。于是他在叙事文本的组织中做出了精心但隐蔽的安排，目的是在看似客观公允的报道措辞中，引导受众得出符合他期待的解读。不否认确实有人对中国和中国军队抱有根深蒂固的偏见甚至是对立态度，但是我们更要相信，有很多国外民众对中国尚不够了解，如果我们自己又没能及时、有效地发出自己的声音，就更可能导致偏听和偏信的产生。进行对外宣传，目的就是要打消他国受众的顾虑，尽可能地消弭立场分歧，建构起中国和中国军队的良好形象，为自己营造有利的国际舆论环境。

在平时，我们要主动设置议程，利用多种手段、通过多种渠道进行自我宣传，如遇突发事件就更要谋取舆论方面的主动性，在第一时间告知真实准确的信息；既宣传自己做得好的方面，也坦率承认自己的不足之处，这样才能以开放和自信的姿态赢取讲理性、讲事实的目标受众的认可和赞赏。对外宣传过程中务必找准议题和定位，组织军事外宣文本时务必对事实的选择及事实在文本中的安排顺序、呈现角度等加以精心思考，正如 2009 年 2 月 1 日温家宝总理接受《金融时报》采访时所说：“我给你讲的一定是真话，但是我不一定把所有话都告诉你。”①

由于军事问题的敏感性，相对于广义的外宣，军事外宣更需要讲谋略，军事外宣文本的组织亦然。在谈军事外宣的理论问题时，常可听到“口径”、“可信度”等关键词，这些词都可以在叙事学的框架下得到深入阐发。本节打算从这两个关键词入手，研究军事外宣文本如何通过叙事来建构中国军队乃至中国形象的问题。

一、口径

口径指对某重要问题的权威、准确、简洁的回答。口径既简洁

① 温家宝总理接受英国《金融时报》专访（全文）[EB/OL]．(2009－02－02) news. Xinhuanet. com/world/2009－02/02/content_ 10753101. htm. [2014－02－07]．

准确地说明事实，同时也简洁准确地表达态度和立场。在我国，重大问题的对外口径往往是经过党、政府和军委研究批准后才对外发布的，代表官方的态度和立场，具有权威性，也具有规范性和导向性。

军事外宣不是个人叙事，往往有多个机构参与，涉及多重环节，而且有些叙事还会经历较长的时间跨度，因此口径的重要性不言而喻。了解口径、按照统一口径进行对外宣传及报道，不仅是中国和中国军队的政治要求，而且也是美国等西方大国在实践中一贯重视的要求。从叙事学理论看，口径正是对事实的一种建构（frame/framing）。

首先，口径提供了一种共同的命名方式（labelling，或曰 naming）。口径为叙事中所出现的人、物、事件等关键性元素做出界定，标志其身份、地位、所属派别等信息（Baker，2006：124）。命名是一种重要的叙事手段。请看中广网上一则新闻的第一个自然段：[①]

> 依据联合国安理会决议，遵照党中央、国务院、中央军委和胡主席的决策部署，2008 年 12 月 26 日至 2009 年 4 月 28 日，中国海军“武汉”号、“海口”号导弹驱逐舰和“微山湖”号综合补给舰组成舰艇编队，赴亚丁湾、索马里海域执行首批护航任务，保护我国航经亚丁湾、索马里海域船舶和人员的安全，以及世界粮食计划署等国际组织运送人道主义物资船舶的安全。

这个段落的中心词是“护航”。“护航”就是由军委和总部明确规定并统一的、向亚丁湾和索马里海域派出中国海军舰队事件系列叙事的口径。我们的行为是“护航”，不是国内某些媒体曾经使用的似是而非的“打击海盗”，更不是西方某些媒体所评论的“中国海

① 亚丁湾护航［EB/OL］. www. cnr. cn/09zt/haiyangchengjiuj/10dashijian/200905/t20090522_505343310. html. ［2014 - 02 - 07］.

军的战略转型”。“护航”这种命名方式明确告知世界：中国海军是在履行联合国安理会所要求的国际义务，中国海军的护航行为是人道主义行为，是在保护海上运输线的安全。明确的“命名行为”能有效预防不明真相者的猜测，而且也能及时遏制别有用心者用别的命名方式来扰乱国际受众的判断。命名是叙事建构的手段。

其次，口径与选择性采用有关，它决定了对某事件进行叙事时的角度和框架，也决定了外宣叙事时说什么、不说什么、说到什么程度，甚至决定了外宣叙事文本的时间组织顺序。

“辽宁号”航母正式开始服役是我国的一件大事，也是亚太地区的一件大事，引起国际关注是意料之中的。提前谋划好外宣口径，有利于营造良好的国际舆论氛围，谋求主动地位。党中央和军委明确规定的口径之一是“用于科研和训练目的”。

在这个叙事框架下，新华社的英文报道（参见附录1）选择性采用了温家宝总理在航母交接入列仪式上所宣读的贺电的内容，[①] 根据外宣口径，对贺电的内容重新进行了时间安排。

温总理贺电第二自然段的原文是这样的：

> （T）我国发展航空母舰，是党中央、国务院、中央军委着眼国家安全和发展全局作出的重大战略决策。（A）第一艘航空母舰顺利交接入列，是我军发展史上的一个重要里程碑，（A-a）标志着我国航空母舰发展建设取得了重大成果，（A-b）标志着我军武器装备建设取得了重要进展，（A-c）标志着国防和军队现代化建设取得了显著成就。（B-a）这对于提高我军现代化水平，（B-b）促进国防科技工业技术进步和能力建设，（B-c）增强国防实力和综合国力；（C-a）对于振奋民族精神，（C-b）激发爱国热情，（C-c）鼓舞全党全军全国各族人民奋力夺取全面

① 贺电全文的中文报道多家国内媒体都有转载，如：温家宝总理在航母交接入列仪式上宣读贺电（全文）［EB/OL］. http：//news. ifeng. com/mil/2/detail_ 2012_ 09/25/17889216_ 0. shtml. ［2014－02－07］.

建成小康社会新胜利，（C-d）开创中国特色社会主义事业新局面，具有重大而深远的意义。（D）全体航空母舰工程建设者作出的历史性贡献将永载史册，祖国和人民感谢你们！

为便于分析，笔者采用一些标注符号来标注汉语原叙事。字母T表示主题句，英文大写字母标注不同的话题，英文小写字母标注同一个大话题下几个子话题的时间组织顺序。

新华社的英文报道中部分引用了温总理宣读的贺信，但不是全文翻译，为了观察该英文报道（或曰，该英文叙事）的时间组织顺序，笔者根据其内容，标注上汉语原叙事中相应意群的标注符号：

Premier Wen said in reading off a congratulatory letter sent from top central authorities that China's first aircraft carrier in active service will "(C-b) be of great and far-reaching significance in inspiring patriotism, (C-a) national spirit and (B-b) driving national defense technologies."

(B-c) "It will also be of great significance in enhancing national defense power and the country's comprehensive strength," Premier Wen said.

(T) "China's development of an aircraft carrier was an important strategic decision made by the Communist Party of China (CPC) Central Committee, the State Council and the Central Military Commission," Wen said.

(A) "The delivery and commission of the first carrier is a milestone in the PLA's history and (A-b) embodies a major achievement of China's weaponry and equipment development, (A-c) as well as its national defense modernization."

相对于汉语原叙事的时间组织顺序而言，本则英语叙事的时间组织顺序似乎是“乱”的。不过，仔细分析就可以发现它“乱”得有道理：先说振奋民族精神激发爱国热情，再说国防科技和国防实力、综合国力，最后说航母的入列是里程碑。由于这样的时间组织顺序，该英语叙事在隐蔽地引导受众做出“中国发展航母是为了和平目的”这一解读。该英语叙事很好地为“用于科研和训练目的”这一口径服务，最终能够为“中国和平发展”这个更高一层的宏观叙事服务。

最后，统一口径下的大量外宣叙事文本，会从不同的侧面共同构成不断重复出现的情节和措辞，而同样或类似的情节措辞不断出现的结果就是，受众不断接触到它，逐渐就会接受它，从而最终在潜移默化中接受我们对事实的建构。

二、可信度

可信度，指对外宣传时所发布的信息能在多大程度上赢得目标受众的信任。“软实力”概念的提出者约瑟夫·奈（Joseph Nye）认为：可信度是软实力的关键资源和重要源头，政治上的种种争斗就在于建立或损毁可信度。①

提高可信度，首先要保证所发布的宣传材料真实无误。科技已经深刻地改变了生活，也深刻地改变了信息消费的方式。凭借当前发达的资讯技术和信息传播手段，虚假信息很快就会被识别出来。一个反面的例子来自达赖集团。

2008 年 3 月 29 日，达赖在印度召开记者会，造谣说中国军人假扮喇嘛挑起了拉萨 3 月 14 日的打砸抢事件。在记者会上达赖并没有出示证据，据《环球时报》记者了解，达赖的所谓依据是网上流传的一张照片，照片内容是 2003 年拍摄电影《天脉传奇》时武警战士

① …credibility is the crucial resource and an important source of soft power. Reputation becomes even more important than in the past and political struggles occur over the creation and destruction of credibility.（Nye，2002：67）.

领取喇嘛服装担任群众演员。[1] 自2005年1月1日起，武警官兵要求统一佩戴臂章和胸标，而该照片中军人的制服上没有佩戴臂章和胸标的设计；另外，拉萨市自2004年10月开始统一人力三轮车装饰帘布的颜色，而该照片中的三轮车与之色彩不符。这些都说明该照片不可能拍摄于2008年。把简单分析的结果公布出来，受众就能很快认识到达赖所说与事实不符，不会再受其蒙蔽。

叙事学有个术语叫作“性格连贯”（charactorological coherence），意思是说，叙事是不是可靠可信，在很大程度上取决于叙事者或者叙事中的主要人物是否可信（Baker，2006：148）。通过在记者会上发布假消息一事，达赖这个叙事者的可信度下降，因为叙事“性格连贯”的要求在起作用，达赖今后再发布什么消息的时候，受众会质疑其真实性。达赖此举实在是搬起石头砸自己的脚。

提高可信度，其次要保证具体叙事文本的建构要讲科学。除了遵照并妥善利用上文所提到的叙事技巧而外，还要在叙事文本的组织过程中注意结构连贯（structural coherence）和材料连贯（material coherence）两个方面。结构连贯指叙事的文本内部不应存在逻辑冲突，叙事的过程中也不应存在逻辑冲突（Fisher，1997：315），这一点是和叙事文本的组织和修辞等因素密切相关的；材料连贯则指，在相关事件的不同叙事中所用的材料应该能够彼此相互支持（Baker，2006：146）。上文谈到口径问题，换个角度看，同一个口径下可以有不同角度、不同侧面的叙事文本，而不同的叙事者对实际发生事件的组织也必然有所不同。因此，就同一系列事件，如果不同的报道能彼此呼应、彼此支持，那么这一系列的叙事就能因材料连贯而得到更好的接受，从而由这一系列叙事所建构的内容和形象，也能得到更好的接受。

运用好叙事技巧，有助于做好外宣文本的建构。

外宣叙事毕竟需要用他国的语言进行。从我国当前的外宣工作

① 达赖谎称中国军人扮喇嘛 造假照片破绽百出［EB/OL］.［2014-02-08］. news. sina. com. cn/c/2004-04-02/133415277501. shtml.

模式来看，有很大一部分外宣材料是先用汉语写就，然后再翻译成目标语言的。即使写作者在写作外宣文本的过程中已经考虑到了目标受众因素，但由于他毕竟是单语思维背景，对受众情况的了解毕竟比不上双语思维背景的译者。也正因为如此，在外宣材料由汉语“翻译”为其他语言的过程中，译者所做的工作往往并不只是文字的转换。

先从看似微不足道的近义词选择谈起。

语言的功能是提供线索，指示人们去理解它想要表达的内容，而阅读的过程就是透过词汇、句法等语言的表层结构来推导叙事者意图的过程（Currie，2010：14），对译文词汇的选择可能给宣传效果带来巨大的影响。

2005 年 3 月 14 日，《反分裂国家法》在全国人大获得通过。我国官方使用 Anti-secession Law 为该法的英语译名，得到西方绝大多数媒体的直接采用，而台湾方面则将之翻译为 Anti-Separation Law。措辞的不同很能说明问题。[①] Longman 词典对 secession 的解释是 when a country or state officially stops being part of another country and becomes independent，表示从原本统一的国家中分裂出来而取得独立，这符合我国想表达的意图——台湾自古以来就是中国领土不可分割的一部分。同时，secession 这个词能引导西方受众联想到 the War of Secession，即始于 1861 年的美国南方 11 个州奴隶主发动的武装叛乱，这也是美国南北战争的别名。

词汇植根于文化，在不断使用的过程中被赋予了特定的含义和联想。叙事学理论指出，如果一个词在译入语中已经拥有关联性含义（relational meaning），那么使用这个词就需要格外谨慎，因为它一定会影响到译文的接受（Baker，2006：63）。Anti-secession 这个词的选择正是巧妙地利用了词汇的关联性含义。

译者对外宣叙事文本的操作远不局限于词汇选择，译者经常需

① 蒋国鹏．专家解读《反分裂国家法》反“台独”是当前首要任务［EB/OL］．［2014－02－07］．news. sohu. com/20050321/n224782833. shtml.

要对文本进行更高层次的、乃至全局性的操作。

能被目标受众看到的外宣文本，都是被翻译操作之后的文本。于是，“翻译”得好不好，往往直接决定外宣文本最终能否得到有效接受。在当前我国的外宣研究中，语言转换环节的研究是最为薄弱的部分。俗话说，木桶能装多少水，取决于最短的那块木板。为了更好地推进外宣工作的发展，本书随后几章将紧紧围绕“翻译”二字展开。

第三章　双语外宣杂志英译文抽样调查

创刊于2009年4月的外宣杂志《中国军队》由新华社解放军分社主办，当前有英、法、西、俄、阿拉伯等五个语种的双语对照版，刊载文章介绍中国军队日常训练和生活的方方面面，也介绍中国军队的发展历史和军事思想，传播中国军队的有关观点。正常发行而外，有关部门还将《中国军队》寄送我国各驻外使馆的武官处，有时也用作礼品，如赠送给在国防大学防务学院学习的外军学员等。发展到今天，《中国军队》已是一份较有影响力的军事外宣期刊。

本章以《中国军队》为调查对象，关注它所刊用的稿件在从中文到英文的翻译过程中发生了哪些变化，针对文本操作展开描写研究。

选用这份杂志有这样几个原因：首先，其翻译环节的工作模式与我国很多专业外宣机构的工作模式相同，即最后刊登的是由英语为母语的专家审阅修订过、中国译者所翻译的文章，其工作模式具有一定的代表性，而且译文的质量和权威性都有保证；其次，刊载的文章内容丰富、题材多样。其中有中国军队高级将领撰写的稿件，有关于我国军事思想、军事历史等内容的介绍，也有普通的采访稿等，能够用作中国军队军事外宣的样本；再次，中英双语对照，中文稿件在前，英文译文在后，且基本上采用全文翻译，而不是以编译和摘译等手段为主要操作方法。各篇都注有译者姓名，有利于从翻译的角度展开研究；最后，非常重要的一点是，它有真实的读者，而且具备一定的影响力。

第一节　抽样

当前有很多描写翻译研究采用语料库的方法论，但本章拟采用抽样调查法，原因如下：第一，《中国军队》杂志的原文和译文是否可以用作语料库的资料，学界尚有争论。如学者 Maia 就认为，由目的语并非母语的译者所译的作品不宜收入译学研究的语料库（转引自胡开宝，毛鹏飞，2012：381），而胡开宝和毛鹏飞则反驳道："只要译作质量较高，且不是原文的编译或节译，均可收入译学研究语料库（同上）。"《中国军队》的译文虽不是典型意义上的编译和节译，但译者对原文进行删节、合并、转换、增添等各种处理是清晰可见的；第二，语料库的建库工作繁重。理论上语料库越大越具有权威性，但到底什么样才是足够用的语料库，迄今尚无定论。而《中国军队》刊行时间不长，每年 4 期，即使将所有的内容都收入库，也未必能满足语料库方法对库的规模的基本要求；第三，"语料库的设计本身是一种阐释"（转引自胡开宝，毛鹏飞，2012：382），研究者选择哪些原始数据来进行分析，这一选择行为是无法完全避免主观性的。

本章选用 2011 年《中国军队》（中英文版）为取样对象，描写其中发表的译文与假想中的原文直译文之间存在的差异。

《中国军队》设有很多版块，包括图说、卷首、焦点、专题、访谈、影像、沙场、维和、军营、院校、后勤、装备、人物、历史、军制、文化、专栏、读者来信、外军视点、军刊、交流等，在目录页中以红色字迹标明版块名称。"卷首"版块常见的内容是中国军队高级将领的文章，如时任国防部长梁光烈上将的《展示面向世界的中国军队》（2009 年第 1 期）、时任海军司令员吴胜利上将的《不辱护航使命 共建和谐海洋》（2010 年第 3 期）。其余版块所刊的文章内容各异，但大多可归入“软新闻”[1] 的范畴。以《中国军队》2011年第3期为例，本期共刊文21篇，其中1篇是时任兰州军区司令员王国生上将介绍原兰州军区的文章，1篇是时任副总参谋长的章沁生上将在第七届亚太地区陆军领导人会议上的演讲稿，1篇是国防大学教授论和平发展与军队发展的关系，1篇（6则）是《观点》，其中包括对国防部发言人讲话内容的介绍，1篇介绍我国古代的军事思想[2]，其余16篇都可归为软新闻类别，占76%。在《中国军队》的其他刊次中，也是软性宣传材料占一半以上的比例。

抽样调查法是否有效，首先取决于样本是否具有代表性。既然《中国军队》所刊文章大多是软性宣传稿，那么用此类材料做样本是可行的。

宣传材料是否能起到既定的宣传效果取决于多种因素。但无论如何，如果希望能在目标受众心目中留下“中国军队是文明之师、威武之师、胜利之师”的印象，首先所选择的宣传材料就应当能从和平正义、开放合作、英勇善战、训练有素、亲民爱民、文明礼貌等几个方面（参见第一章第一节内容）来展示中国军队和军人的风貌。本章从2011年第3期《中国军队》中选择了一篇这样的文章作为分析样本，该文章选取军演这个角度，通过记者的眼睛来看中国军队的开放程度，同时也着力表现中国军队训练有素，中国军人朝气蓬勃、积极进取的一面。

为便于比对，将以自然段为单位进行列举，先原文后译文，段落之间空行，段落成“对”出现。此外，使用多种记号以标志译者对原文所进行的操作：用单下划线表示原文中有删节，用双下划线表示译文中有增添，用斜体表示译文对原文进行了一定程度的改写，

---

① “软新闻”与“硬新闻”相对，指人情味较浓的新闻，包括社会花边新闻、娱乐新闻、体育新闻等，形式通俗，轻松活泼，易于引起大众阅读兴趣的新闻。（http：//baike. baidu. com/view/936394. htm. ［2013－08－09］）.

② 有趣的是，该期刊所刊5篇并非软新闻的稿件，在比对其中文原文和英文译文时，也可以看到删除、改动、添加等文字操作，但是这些操作的比例要小。或者说，面对非软新闻类的文章，译者更倾向于“直译”。这种反差反映出了一些问题，本书后面的章节将会论及。

并在译文中相应位置插入方括号，标出并分析译者所做的改动与操作。同时，为了便于分析，给各个自然段编号。需要指出的是：笔者判断译文是否存在改动现象，以句子为分析单位、以是否基本“直译”为依据，常见的翻译操作——如动、名词词组的转换，句内的语序调整等——通常不列为分析对象。

例 1：

军演现场的眼睛 ①

Demystifying Military Exercises

【去除暗喻“眼睛”，直接表达深层含义】

（1）对外界来说，中国军队的训练、演习曾经是神秘的。然而，随着中国军队的开放步伐，今天，人们可以在电视、报纸或者网络上，看到关于中国军队训练、演习的各种报道。作为嵌入训练、演习各个环节采访的记者，*就像是演习场上的一双双眼睛*，他们用文字和图片将军事训练和演习呈现在读者眼前，打开了又一扇让外界了解中国军队的窗户。

The training and exercises of China's military used to be a mystery. But now reports of such operations can be seen on TV, newspapers and the Internet. Journalists are *opening the veil*【将原文的明喻“眼睛”改为暗喻“揭开面纱”，与标题的改动相呼应】on every phase of military training and exercises, revealing them with words and pictures, and opening windows to the Chinese military.

（2）作为一名军事记者，从 2007 年开始，我有幸参与报道了中国军队举行的多场演习。其中，既有中国军队自己组织的演习，也有中外军队联合举行的演习，既有研究性、示范性的

① 樊永强．军演现场的眼睛［J］．Demystifying Military Exercises. Zhang Wei（tr.）．中国军队，2011（3）：28—33.

演习，也有考核性、检验性的演习，既有诸军兵种、多要素集成的综合性演习，也有单一突出后勤、装备等保障要素的专项性演习。置身演兵场，我得以近距离观察中国军队从训练方式、组训手段到官兵素质、精神面貌发生的一系列变化，*并把它写出来，传递给读者*。

As a military reporter, I have covered many PLA exercises since 2007, those organized by the PLA as well as those jointly held by China and other countries. They have ranged from research and demonstration to evaluation and test drills. Some exercises were comprehensive joint operations while some were targeted at enhancing logistics and equipment. At military exercises, I have been able to observe changes in training patterns and methods, personnel standards and morale. *I have recorded and reported these observations*【“传递给读者”的表达方式暗含作者正试图与读者进行沟通，译文改为态度相对疏离的“报道这些观察结果”。译文改动了原文的叙事角度；此外 record 和 report 两个词押头韵，译者采用了英语读者常用的修辞手段】.

不同寻常的“采”与“访”

Unusual Interview

(3) 2007 年夏天，我在云南某训练基地参加了成都军区近 20 年历史上规模最大的一场比武演练活动。在演练现场，一架武装直升机*贴着地面15 米高，隐蔽飞到山峦叠翠的演兵场上空*时，*机组接到指令：“摧毁1 号目标！”*战鹰立即调整角度、快速跃升，*火龙瞬间倾泻而下*，数百米外的蓝军指挥所一片火海。从捕捉目标、跃升、俯冲、开火到脱离战场，整个过程仅有几十秒。

In the summer of 2007 in Yunnan Province, I covered the largest military exercise by Chengdu Military Area Command in almost 20 years. An armed helicopter *flew stealthily to the site and hovered 15 meters above the ground.* 【原文说一直以 15 米的高度隐蔽飞行，译文改为隐蔽飞行，然后悬停在 15 米高的地方。这一改动似乎属于翻译失误的范畴，应该不是译者有意调整的结果】*It then receives an order to destroy a target* 【改直接引语为间接引语；将“1 号目标”简化为“某目标”】. *It* 【不用名词“战鹰”而用代词做主语不只是语法上的调整，同时也除去了“战鹰”这个词中隐含的亲切感和自豪感，英文的表达角度因此有别于原文】adjusted angles, soared, *and then fired* 【在原文中，“火龙倾泻而下”这个小句换了主语，译文则依然使用 it 做主语与前几个小句合并；同时，原文含有浓烈感情色彩的用词被转化为表述客观的“开火”，遵从英文报道体裁的表述规范】, scorching the command area of an “enemy” group from hundreds of meters away. The whole process, including targeting, firing and withdrawing, took less than 100 seconds.

（4）演练结束后，我获准采访了飞行员李江平。他告诉我：直到进入演练场上空的时候，他对发起攻击的时间和目标区域还一无所知。“那真跟上战场一般！”有着丰富飞行经验的李江平从演兵场下来手心*还攥着一把汗*，那时他还不知道自己已经获得了“武装直升机对地火力打击”比武课目的第一名。

I interviewed helicopter pilot Li Jiangping after the exercise. He said he had no idea of the attack time or area before he flew the helicopter to the site. “It was just like real combat,” Li said. He was *still tense* 【原文用较为形象的表达，译文改用“紧张”这个概述性的词汇】after the exercise, and was yet to learn that he had been named best air-to-ground attack helicopter pilot in the exercise.

（5）与简单的现场观看不同，对中国军队的采访不仅可以看，还有机会直接接触到参加演练的一线官兵，向他们提问，*听他们讲述演练场上的细节、在演练中的感受*。此时，你向受众提供的信息就能够更加贴近真实。

As well as watching the drill, *I*【原文中本句主语省略。从汉语的阅读习惯判断，这里省略的主语应该是“所有采访中国军队的记者”，与下文泛指的“你”相呼应。译文添加的主语是I，缩小了动作主体的范畴，同时将叙事角度从宏观改为“我”这个个人】was able to interview PLA personnel on the spot, *who expressed themselves quite clearly*【将原文的内容缩减合并后进行翻译】.

（6）“*我们是一发定乾坤*，这样打既刺激又过瘾。”获得“某型迫击炮临机部署、快速打击”课目比武第一名的某团5连迫击炮班班长高发兵说，“因为现代战争发现即意味着摧毁，不可能给你第二次机会。”“当然，把基本功练扎实了，再陌生的环境、再紧张的情况我们也不怕。”这位年仅21岁的士兵颇为自信地对记者说。

“*I struck the target with one shot*【将充满自豪感的“定乾坤”改为更为平铺直叙的“命中”】. It was exciting,” said Gao Fabing, head of an artillery unit named for the best “mortar quick strike and emergency deployment.” “In modern war, discovery means destruction——with no second chances,” said the 21 – year-old. “As long as we fully master the skills, we need not be afraid-no matter how unfamiliar the circumstances.”

“拼图”式的军演报道

Complete Picture【转换了原文的叙事角度】

（7）从2009年开始，远程跨区基地实兵对抗性演习成为中国军队组织军事演习的重要方式，也成为媒体上下关注的热点。

Cross-area maneuvers and confrontations became an important aspect of Chinese military exercises and also a focus of the media from 2009.

（8）“远程跨区”考验的是部队自身在应急情况下的战略机动投送能力，而“实兵对抗”则检验的是部队在复杂陌生环境下的实战能力。由不同战区的部队分别担任红蓝方展开对抗，其实是一种不是比赛的比赛。因此，每场演习都弥漫着浓烈的“火药味儿”。

Cross-area maneuvers test strategic deployment and projection, while the confrontations test actual combat abilities under complicated and unfamiliar circumstances. Confrontations between troops from different military areas are a competition smelling strongly of gunpowder.

（9）2009年8月11日凌晨，兰州军区某师万人千车兵分数路，采取铁路输送、*摩托化机动和空中输送*的方式，向着沈阳军区洮南合同战术训练基地实施千里立体机动，拉开了“跨越——2009”跨区基地实兵系列演习的序幕。

On August 11, 2009, tens of thousands of soldiers from Lanzhou Military Area Command were deployed to a military base of Shenyang Military Area Command. The troops were transported *by rail, road and air*.【原文使用军事术语“摩托化机动”，译文改为日常语言“道路运输”，这种简化行为便于译文的组织】A cross-area military exercise kicked off.

（10）像这样的长时间大跨度的军演，仅仅采访几位官兵、某一支部队，显然只是管中窥豹，无法描述整体情况。每当这时，演习组织方就经常会对记者的采访加大开放的力度，甚至

连导演部和总导演都可以成为采访的对象，<u>这让记者感到十分过瘾</u>，*军演的报道自然也会让受众获得更多的信息。*

It was impossible to portray the whole operation by interviewing a few soldiers or even a whole unit. The organizers allowed journalists to interview *commanders*【改“导演”为“指挥官”】, *who provided more information*【改变叙事角度。原文是从记者的视角出发看怎样才能为读者带来更多的内容，译文则改为客观的第三人称全知视角，平实地叙述此事】.

（11）<u>据演习导演部负责人介绍</u>，这是解放军陆军建制师首次进行跨区基地实兵演习。演习以信息化条件下联合作战为背景，全面检验锻炼参演部队多方式远程机动和在生疏地形、复杂环境下的作战能力。

The exercise was the first cross-area drill involving a whole division in the history of PLA Army. It aimed to comprehensively test the combat abilities of troops in unfamiliarand complicated circumstances. The troops were able to practice long-distance deployment in information-technology-backed joint operations.

（12）必经路段被“敌”机炸毁，部队遭“敌”化学武器袭击……一路上，*危局*、*险局*和*难局*层出不穷。

Dangers and difficulties【原文用三个“局”并列，意在构建修辞美；译文采用两个名词并列，既概括表达了原文的内容，同时也采用了“押头韵”的修辞格，同样也在修辞方面下了功夫】abounded, such as when the road was bombarded or the troops were attacked with chemical weapons.

（13）红方官兵刚刚抵达实兵演练地域，<u>就又被环伺以待的“敌”数十支电子战分队的</u>强电磁辐射干扰<u>打了个措手不及</u>——

无线电台与上级失去联系，通信指挥系统变得又“瞎”又“聋”又“哑”……

When the “Red Group” arrived at the exercise site, it was struck by strong electromagnetic interference, which severed contact with command units.

（14）面对突然袭击，红方指挥员立即启动信息化作战指挥平台，实施无线电佯动、改频静默、电磁压制等多种手段，构筑起一道“信息安全通道”。

Facing sudden attack, the commander promptly activated a digitalized command platform, applying radio feint, channel-change quiesce, electromagnetic suppression and other measures to build a “secure information channel”.

（15）实战对抗阶段，红蓝双方也*拼了个“你死我活”：你触动武装直升机攻击，我派特战分队偷袭，你用立体火力正面打击，我用陆战装甲车侧面突击*……

The two rival groups *fought hard*【将“你死我活”弱化为“奋力争斗”】during the confrontational phase, *staging helicopter strikes, surprise attacks, frontal and flanking assaults*【改变叙事角度，将原文的生动叙事弱化为客观叙述】.

（16）所有这些，随时会展现在现场采访的记者面前。由于演习对媒体开放力度极大，涵盖了包括电视、广播、网络、报纸、杂志等几乎所有媒体，大批记者分头进入到演习中的不同部位。*这样的报道，对受众而言，可以获得从文字、音频，到视频、图片等不同形式的信息；大力度的密集报道，更可以让受众以“拼图”的方式，全面获得军演的整体情况。*难怪，每当出现这样的军演报道，中国的军事爱好者们都会以迎接节日的方式，享受军事报道的“大餐”，并在网络上加以评述发表感言。

All of which was open to journalists from TV, radio, the Internet, newspapers andmagazines. Flocks of reporters rushed to various sections of the exercise, *giving the public a complete picture in words, pictures, audio and video*【进行归纳表述】. It was a feast of information for Chinese military enthusiasts.

“嵌入”军内的“记者”

Embedded Journalists

(17)“蓝军”的扮演者，主要是分布在各个战区的合同战术训练基地。作为中国军队迎接军事变革大潮的合同战术训练基地，是部队从训练场通向战场的“桥梁”。以前，蓝军是“陪练”的角色，但近年来，蓝军“越来越厉害”。

Training bases of every military area command usually play the “Blue Group”, a role that is becoming ever more powerful and less of a supporting role.

(18) 这几年，我在采访时经常听到部队反映：现在的“蓝军”都“变贼了，变狠了”。2008 年 9 月，某师作为军区重点部队在训练基地给全区进行新大纲训练示范演习。演习那天，当着数百名全军区各级领导的面，平时训练百发百中的导弹却频频跑靶，让师领导当场“下不了台”。原因就是基地“捣鬼”，设置复杂电磁环境进行了全程干扰！

I often heard within the army that the Blue Group was becoming more “fierce and cunning”. In September 2008, a division was holding a demonstration drill for new training patterns but the missiles kept missing their targets——thanks to the complex electromagnetic interference employed by *the Blue Group*【将“基地”替换为“蓝军”，有助于上下文的连贯】.

(19) 2008年，解放军新一代《军事训练与考核大纲》颁发。新大纲把基地化训练成为部队实兵演习的基本载体和主要形式。随着信息网络、模拟仿真、光电技术等现代科技成果的广泛运用，各合同战术训练基地普遍建立了导调监控、战场仿真、辅助评估、综合保障和基地管理等系统，*导调手段现代化、战场控制实时化、训练环境实战化、质量评估科学化的水平不断提高*。

A PLA training and evaluation regulation issued in 2008 defined base training as the standard scenario for troop military exercises. Information technology, cyber simulation and photoelectric technology have been widely applied in bases, which also have established systems of monitoring, battlefield simulation, assistance evaluation, comprehensive support and base management. *The monitoring is modern, the control is real-time, the environment is like actual combat and evaluation is scientific.*【将原文并列的更“有军味”一些的“名词+……化”的结构处理为并列的表语】.

(20) 演习专家告诉记者，由中国军队自行研制的“陆军部队演习评估系统”使导演部对部队处置手段、毁伤效果等演习效果评估变得及时、客观和准确，也使得模拟交战变得更有实际意义。

Experts say an exercise evaluation system developed by PLA has enabled command units to objectively and accurately evaluate combat measures and effectiveness in a timely way, making military exercises more meaningful.

（21）像这样一些训练演习幕后的“秘密”，对于通常意义的媒体记者而言，是很难获得的。但在中国军队的相关报道中，却频频出现在媒体上。其中的奥妙在于，中国军队本身主办着相当数量的媒体，这些“军办”媒体的记者编辑本身就是现役军人，他们的身份、他们的经历和他们的人脉关系，不仅使其可以更加方便地*进入中国军队的内部，进行深入的采访*，更重要的是，由于他们了解部队、“懂得”军演，能以“行家”的眼光，发现并写出门道来。不仅如此，在中国军队的各级部队中，都有负责信息传播的部门和人员。与大多数军队不同的是，这些部门和人员不仅仅是信息传播的“闸门”，更多的时候，他们自身也是中国军队相关信息的发布者和传播者。可以说，中国军队的信息透明、更大程度上是这些直接“嵌入”军队内部的部门和人员完成的。*这种真正的“嵌入”式新闻传播渠道，使中国军队的信息发布和传播更加真实、更加具体，同时也使中国军队更加的公开和透明。*如果你想进一步了解中国军队，不妨透过演习训练的相关报道，把它作为一个“窗口”，你就会看到你所需要的几乎所有的信息。

Journalists used to have difficulty in finding such “secrets”, but they often appear in reports on China's military. The PLA has an extensive media operation, with journalists and editors being military personnel. Their identification, experience and networks *give them more convenient access to the military.*【归纳原文的意思进行翻译】Troops at every level have communications departments. They are not only “gatekeepers” but also releasers of information. The transparency of Chinese military depends on the “embedded” personnel, *who make China's military more real, more concrete, more open and more transparent.*【更换主语，将原文的“传播渠道使……真实具体”译为“嵌入式人员使……真实具体”，译文的表述更符合逻辑】Reports on military exercises are leaving fewer questions unanswered.

【本句原文所无，译者总结上文后添加本句，以此替换原文中的收尾句】。

例 1 共 21 个自然段，只有 3 个自然段基本是直译，没有经过删除和改动；原文共 2852 字，经粗略统计，译者所做删除计 46 处，改动计 20 处，增添 1 处。

译者采用的各种操作带来了两个方面的效果：

第一，译文语言流畅简洁，段落结构清楚明白，可读性强；

第二，去除了原文表达中色彩浓烈、情绪激昂的辞藻，从而改变了译文文本的修辞风格，使之更贴近英文媒体的叙事常规。这样，能够保证该外宣文本的写作方式不致引起目标读者的“惊奇”甚至抵触。让读者愿意去读，是做好对外宣传的第一步。①

简而言之，从英语写作的角度看，这一篇叙事文本（外宣译文）符合常规，顺应阅读期待，能够预判读者不会因抵触文本写作方式而抵触接受文本的内容。总体判断，该译文文本较为成功地塑造了中国军队训练有素、乐于对外开放的形象。

第二节　归纳

例 1 只在最后一句出现了在译文中有所增添的情况，而对原文进行删除及改动的方法用得较多。其中可以归纳出一定规律性的删除、改译及增添列举如下：

一、删除

1. 删除原文的修饰词。如第 3 自然段的“山峦叠翠”、“立即”、

① 《军演现场的眼睛》一文中，译者的处理偶尔也有值得商榷之处，如原文第 1 自然段中的“随着中国军队的开放步伐”和“又一扇（窗口）”在译文中被删除。作者是想强调其文章的写作背景是中国军队的进一步开放，这个大背景似乎不宜抹除；而“又一扇”表明中国军队已经有多种与外界沟通交流的方式，对军演进行报道并非唯一的方式，也似乎是译文中有必要保留的。

“快速”，第 10 自然段的“长时间大跨度”等。

2. 删除原文中没有提供有效信息的表达。如第 1 自然段的“作为嵌入训练、演习各个环节采访的记者”，第 3 自然段的“在演练现场”，第 6 自然段的“与简单的现场观看不同”等。

3. 删除与全文核心内容关联不高的词句。如第 16 自然段“在网络上加以评述发表感言”和第 17 自然段的“作为中国军队迎接军事变革大潮的合同战术训练基地，是部队从训练场通向战场的‘桥梁’”等。

4. 较为系统地删除了“受众”、“读者”这两个词及其上下文。中文稿的叙事角度和措辞风格中都可以看到作者与读者进行对话的努力，而译者的删除行为改变了原文的叙事角度与叙事风格，也拉开了作者与读者之间的心理距离。

二、改动

1. 采用平铺直叙的表达改动原文措辞。用平实的语言来“翻译”原文中一些“生动”的、用于烘托气氛的表达方式，如第 13 自然段的“又‘聋’又‘哑’又‘瞎’”，第 14 自然段的“你死我活”，第 15 自然段的“你……我……”，第 18 自然段的“下不了台”等。此外，第 12 自然段中“危局、险局、难局”这样的意在表示强调的结构也在译文中消失，转而采用“dangers and difficulties”这种更为平常的表述。

2. 改动语序。如第 12 自然段。上文提到，如果是句子内部的语序调整，通常情况下视为正常的翻译操作，不做讨论，但第 12 自然段有其特别之处。这是由一个句子组成的自然段，因此语序的调整就涉及自然段内容的重组问题，或者说，涉及段落内部逻辑推进的问题（参见第四章第二节第二部分）。调整后，dangers and difficulties abounded 的功能类似于该自然段的主题句，有助于仅仅是浏览本书的读者更快地了解本自然段的内容。

3. 改动原文的标题或小标题。从整体效果看，经过一系列的改动之后，译文的措辞更趋平和冲淡，感情色彩不如原文浓烈，报道者变得“隐身”，与读者的心理距离被拉开。译文的叙事更趋客观。

上文所归纳的删除和改动现象，绝大多数（“删除”的第4点与原文的叙事视角相关，不具备共性）在《中国军队》2011年所刊载的其他文章中也可以看到，而且数量不少，显示出一定的规律性。兹举例如下：

1. 删除原文的修饰词

例2：（用下划线标注译文中所删除的词句）

> 也就是在那次参观中，蒙哥马利这位久经沙场的老将对该部队气势磅礴的500人方队刺杀操留下了深刻印象，元帅后来这样说道：“我要告诫我的同行，不要同中国军队在地面上交手，这要成为军事家的一条禁忌！”①
>
> After watching 500 soldiers at bayonet practice, Montgomery said, “I will warn my fellow servicemen, ‘Do not go fighting with your land armies in China.’ This must be a rule for military strategists.”

删除5处，前两处删除的是修饰词。

2. 删除原文中没有提供有效信息的表达

例3：（用下划线标注译文中所删除的词句）

> 在山西一个偏僻的军用机场里，军用直升机伴着微风，轻盈地离地、飞翔、转身，又平稳地回到大地的怀抱。②

① 孟玉哲. 向前！中国军队开放步伐！［J］. China's Armed Forces Step into the Spotlight. Wu Qi (tr.). 中国军队2011 (3)：24—27.

② 黎云. 走进中国陆军航空兵［J］. China's Army Aviation Corps. Liu Xinjun (tr.). 中国军队，2011 (1)：20—27.

这个段落出自一篇介绍陆军航空兵的文章，使用了拟人的修辞手法，流露出自豪感。从汉语的阅读习惯看颇有“文采”。但换个角度看，这段文字除了告知发生地点——“山西一个偏僻的军用机场”——而外，并没有提供其他信息。这一段没有对应的译文，译者在上下文中表达了“山西”和“偏僻”，该段落被删除。

3. 删除与全文核心内容关联不高的词句

例4：（用下划线标注译文中所删除的词）

空降兵某师参谋长孙向东上校介绍说，这支部队以“成建制、成系统、成单元”形成作战能力为目标，以加快转变战斗力生成模式为主线，先后进行了高原、海岛、山地、丘陵、水网稻田、热带丛林、高寒雪地等生疏地形、复杂气象条件下的空降作战演习，完成了50多次重大演习演练任务。①

Col. Sun Xiangdong, chief of staff of a paratroop division, said the airborne troops had completed more than 50 large drills on hills, islands, mountains, paddies, jungles and snowcapped mountains, in harsh conditions, so they could be rapidly deployed for combat.

在中国军队的正式文书中，类似“以‘成建制、成系统、成单元’形成作战能力为目标，以加快转变战斗力生成模式为主线”的表述方式是非常常见的，甚至不妨说已成为一种通用的文体和叙事风格，放在原文中，营造出正式而严肃的效果。然而，这个自然段的主要内容是空降兵进行过哪些训练，而该句与段落整体内容并无直接关联，在译文中被删除。

4. 改动措辞

例5：（用下划线标注有所改动之处）

① 申进科．驻华武官观摩中国空降兵战斗演练［J］．Military Attaches Observe Chinese Paratroop Drill. Yang Dingdu（tr.）．中国军队，2013（2）：74—80.

要想全面了解中国军队的战略、国防政策、军事实力等，可以看看中国的国防白皮书。①

Readers of China's defense white paper can gain a thorough knowledge of the strategies, defense policy, military strengths and other aspects of China's armed forces.

本例改动了原文的叙事角度。

例6：

伤到什么部位都要能修，说起来容易做起来难。难就难在战机受伤带有偶然性和无规律性。而且不同机种机型、同一种机型的不同部位，抢修的工序和工艺都不一样，要求官兵必须平时练就"伤哪修哪"的精湛技艺。②

With such random damage on very different parts, highly-skilled technicians must treat all the wounds in different ways.

本例则将原文为渲染气氛而用的铺陈性词句换成了简单明白的概括性表达。

5. 改动语序

例7：（用下划线标注译文首句在原文中的位置）

2011年7月11日，中央军委委员、总参谋长陈炳德与美军参联会主席迈克尔·马伦在八一大楼举行了媒体见面会。会上问及南海问题时，陈炳德表示，中国对南海诸岛及其附近海域拥有无可争辩的主权。南海地区的自由航行从来就不是一个问

① 严岳．了解中国军队的窗口［J］．Windows on China's Armed Forces. Hu Tao（tr.）．中国军队，2011（3）：20—23

② 李广君，王宇，方文舟．为战机疗伤的人［J］．The Warbird Doctors. Chen Yongrong（tr.）．中国军队，2011（3）：46—49.

题，中国与周边国家有能力、有智慧妥善处理南海问题，美国不用操心，更不用担心。①

China has undisputable sovereignty over the South China Sea, said Chen Bingde, Chief of the General Staff of the Chinese People's Liberation Army (PLA), at a joint press conference with Chairman of the U. S. Chiefs of Joint Staff Mike Mullen in Beijing on July 11, 2011. China and its neighbors have the ability and wisdom to resolve disagreements in the South China Sea and the freedom of shipping has never been a problem, Chen said, adding that the United States needs not worry about such issues.

由于英语的写作要求是段落往往有主题句，而且主题句往往位于段落的开头，因此段落开头的那一句通常最为醒目。正因为这样的写作习惯，有时阅读英语文章的读者即使不通读全文，也会快速将各段落的第一句浏览一遍，以获取主要信息。译者改动了语序，突出了“中国拥有无可争辩的主权”这一核心表述。再如：

例8：

“天之翼”所在的空军航空大学，是中国空军唯一一所以培养飞行人才为主体的学历教育院校；“红鹰”所在的空军第三飞行学院，则是中国“航天英雄”翟志刚的母校，成功培养了中国首批战斗机女飞行员。两所学校，都是为众多青年学子实现“飞天”梦想的现代化高等学府。②

Both units are based in China's leading pilot training institutions. Tianzhiyi is based at the Aviation University of the PLA Air Force, the only degree-awarding university that supplies pilots to

① 中国南海主权无可争辩［J］. 中国军队，2011（3）：10.

② 张玉清，张汩汩，黄书波. 中国飞行表演队新添学院派［J］. Aerobatics Masters Give a Lesson to Remember. Yao Yuan (tr.). 中国军队，2013（3）：70—77.

China's air force. The No. 3 Aviation College of the PLA, home to Hongying, boasts taikonaut Zhai Zhigang and China's first female pilots among its alumni.

原文段落的最后一句是概括性的句子，译文调整到段首。

6. 改动标题

如《向前！中国军队开放步伐！》中，标题译为 China's Armed Forces Step into the Spotlight（中国军队走进聚光灯），其中三个小标题“外宾走进了军营”、“展现良好的精神风貌”、“不断拓展开放领域”，分别译为 Foreign Guests（外宾）、Displaying Confidence（展现自信）和 Historic Transparency（历史性的透明度）；《天山雄鹰》[①]一文中，文章标题直译为 Tianshan Eagles，但小标题则全部改译：“‘铁脚板’插上了‘钢翅膀’”译为 Extraordinary Measures（非同寻常的手段）、“飞行可以有禁区，但战斗力不能有盲区！”译为 If our enemies were here, would we hang a flag of truce?（如果敌人在此，我们难道要挂白旗?）、“看到了直升机，就看到了希望！”译为 Hope from Above（来自空中的希望）。改动标题及小标题的现象在《中国军队》的译文中非常常见。

还有一种比较常见的改动现象，即把中文的一个自然段拆解成两个或者更多自然段。这样处理之后，译文的段落更为短小、紧凑，自然段内部各句的内容相关性得到了提高。由于汉译英的译文经常出现这种现象，这里就不举例说明了。

三、增添

“增添”这一操作手段在例 1 中只出现 1 次，但是从 2011 年第 3 期的《中国军队》中还可以找出其他例子。概括来看，主要分为以

① 樊永强，贾启龙．天山雄鹰［J］．Tianshan Eagles. Yang Jianxiang（tr.）．中国军队，2011（3）：38—45.

下两类：

1. 增添背景信息

例9：（用下划线标注所添加的内容）

维基百科对“中国人民解放军”的描述之一是：“世界上最大的武装力量”，旁边配了一幅题为“人民军队所向无敌”的图片，最上面的人高举红旗，怀抱《毛泽东选集》，中间的人拿着上了刺刀的步枪和望远镜，最下面的人抱着炮弹俯身前冲，目光炯炯。①

According to Wikipedia, the People's Liberation Army (PLA) is the "world's largest military force" and the entry carries an old PLA poster with the caption "An Army of the People is invincible" …

了解中国历史背景的读者知道，这样一幅图片是“文革”结束之前的风格，它所展现的意识形态及精神风貌已经与我国现状不完全相符。译者添加 old 一词之后，能在一定程度上起到引导读者的作用。再如：“2011 年春，齐鲁大地遭遇了近 200 年一遇的特大旱灾”，译文是“In the Spring, China's eastern Shandong Province suffered its worst drought in 200 years.”②用 eastern 一词来弥补目标受众在地理背景信息方面的不足。

2. 增添具有主题句功能的概括性语句

例10：（用下划线标注所添加的内容）

作为中国人民解放军低空体系作战能力来说，首先需要建

① 严岳．了解中国军队的窗口［J］．Windows on China's Armed Forces. Hu Tao (tr.)．中国军队，2011 (3)：20—23.

② 李广君，王宇，方文舟．为战机疗伤的人［J］．The Warbird Doctors. Chen Yongrong (tr.)．中国军队，2011 (3)：46—49.

立健全陆军航空兵装备体系。……其次，在低空领域还应加速推进以陆军航空兵为重点的人才与准备研发，全面提高……能力，重点发展……中国人民解放军还需要一套适应低空作战需求的联合指挥体系和综合集成平台……①

Efforts to enhance the PLA's low altitude combat capacity should be made in three aspects. First, the building and improvement of the equipment systems of Army Aviation forces … Second, acceleration of training and equipment research and development, focusing on Army Aviation. Their capacity for … should be comprehensively strengthened… Third, a joint command system and a synthetically integrated platform for low-altitude combat.

原文由 3 个自然段组成，译文也是 3 个自然段。由于增添了下划线的这一句概括性语句，这一部分的译文逻辑层次显得更为分明。同时还需要注意，译者将原文由“首先”、“其次”、“还”所引导的句子处理成了名词性的词组，彼此平行，使之更好地起到了各段落主题句的功能。

从上文的归纳可见，《中国军队》的译者规律性地使用删除、改动、增添等文本操作策略，主要包括以下具体方法：

删除原文的修饰词、删除原文中没有提供有效信息的表达、删除与全文核心内容关联不高的词句；

改动措辞、改动语序、改动标题；

增添背景信息与增添主题句。

从上文的译例可见，在同一个句子和同一个段落中，译者往往不是单纯地使用某一种方法，而是进行了综合处理。《中国军队》是由国家权威机构主办发行的杂志，有严密的审稿机制和工作流程，由此可以推断，译者的种种处理并非出于率性而为。此外，上文展

---

① 陶炳兰. 争夺“一树之高”[J]. The Ultra Low-Altitude Battle Arena. Jia Zhao (tr.). 中国军队，2011 (1): 28—29.

示的多个译例出自不同的译者，这说明不同的译者具有基本一致的认识和操作。

那么，这些认识是什么？或者说，在这些文本操作背后的依据是什么？下一章就将结合叙事学、翻译研究、修辞研究等多个角度来探讨这个问题的答案。

第四章　文本建构与形象建构

传播学的研究表明，受众并非像照相机一样“看”到客观呈现在自己面前的一切，而是选择性注意自己感兴趣的内容，而且理解和记忆也是选择性的。愿不愿意花时间去读，阅读过程中能不能真的明白文章在说什么，读后是不是能够记住所读到的内容，这其中都有受众的主观因素在起作用。可见，外宣材料的选择及其建构方式，直接关系到该外宣文本是否有利于建构积极国际形象。

如果是用汉语写成，然后翻译成英语等其他语言的外宣文本，至少要经历两个操作环节。第一个环节是关于“说什么”，即选择、确定使用什么样的文本进行对外宣传。这涉及议程设置、材料选择、角度确定等，另有专人负责。不过，译者身为外宣工作队伍的成员，应该利用专长、发挥作用，第五章将有详述（参见第五章第一节）。第二个环节是将文本转换成外语。外宣文本的终极目的是完成中国良好国际形象的建构，而形象的建构不仅取决于我们是不是“做得好”，也在很大程度上依赖于文本的建构（参见第二章）。只有叙事可信且可读性强的文本才能赢取目标读者的信任，这是前提。拥有了这个前提，读者才有可能信任文本中所涉及的人和事，并最终做出叙事者所希望的解读。因此，如果外宣文本能让目标读者感到亲切并乐意认同，或者能成功吸引其阅读兴趣，那么这样的文本就已经成功了一半。做好外宣文本的建构，是做好中国国际形象建构的一项重要工作。

外宣文本在目标语中的“怎么说”，是一个必须认真思考的问题，本章聚焦外宣译者的操作来探讨这个问题。

本书暂且沿用“译者”这一传统的称呼方式，不过，必须认识到，外宣译者的职责和功能与传统的理解至少存在两个方面的区别。首先，译者既可以指某个从事翻译工作的个体，也可以指群体，群体内部存在职责和工作环节等方面的分工，包括初译者、审校者、修订者、定稿者等。同时，译者的工作并不只是把词、句、章转换成外语，而是要在一定程度上摆脱原文的文本构建方式，遵照目标语同类文本的体裁常规，主动运用好各种叙事技巧，积极建构目标语的叙事文本。译者是生成外宣叙事文本的“接力者”。“叙事者”是对外宣译者角色更为精当的界定。

外宣译者的任务就是：针对既定的目标读者，更加合理地组织叙事文本，[①] 以期目标读者读完后能够做出符合叙事者所期待的反应。

那么，何谓“合理组织叙事文本”?

从叙事学的角度看，译者的操作取决于对目标语“体裁和常规”的遵从。身为叙事者的译者有必要动用选择性采用和时间性安排等各种叙事技巧，同时要根据目标读者所熟悉的软、硬新闻报道等各种体裁和常规对文本进行相应改动。

从翻译研究的角度看，“合理”与否取决于译者是否遵从了规范（norms）。任何一种翻译行为都是面向目标语及目标语文化体系的行为，希望译文在目标语文化中能够起到的作用、拥有的地位，这两点会决定译文的文字拥有什么样的风格，进而决定译者采取什么样的文字操作（Toury，2001：13）。掌握某文化语境的一套规范，是译者进行翻译的前提，而各种翻译操作是否合适，正是由这套规范决定的（Toury，2001：53）。

规范是个人在社会中成长的过程中逐渐了解并学会遵从的，[②] 往

---

① 正常情况下，外宣文本的撰写者已经思考了读者改变这一因素，但是从文本撰写的细节来看，这种思考未必完全到位，往往还需要译者进一步调整。

② 规范是译者在社会化过程中逐渐掌握的（acquired during one's socialization），这一点可以解释中国当前译界的很多现象。有大量的译者并没有接受过系统的翻译理论培训，他们在翻译抉择的过程中也许并没有明确的理论思考，但确实有一套理念在指导他们的翻译操作。

往包括很多层面（Toury，2001：55）。在中国军事外宣的语境中，这些规范最终落实在两个方面：第一，宣传材料的选择；第二，语言转换的具体操作，其中后者正是本章要讨论的内容。

翻译研究所称的“规范”包含的范围比较广泛，落实到文本组织方面，则和叙事研究所称的“体裁与常规”基本相同。不同的文化有不同的规范。无疑，如果译文在语言表述和所传达的思维模式等方面都能符合目标语文化的规范，这样的译文更容易得到接受。然而，外宣的性质却决定了外宣文本必须传达我们的观点、符合我们的立场，而宣传方和目标方又必然存在许多方面的客观差异，因此，外宣文本又不可能完全符合目标语的规范。正因为如此，译者就不得不在两套规范之间进行抉择，要先明确译文到底是追求充分性（adequacy）还是追求可接受性（acceptability），亦或在二者间取得某种程度的平衡？对初始规范（initial norms）的抉择会最终决定操作规范（operational norms），而前者首先取决于译者对外宣翻译的认识。

外宣及外宣翻译的目的是让来自其他文化、使用其他语言的读者了解中国，既包括了解中国发生了哪些事情，也包括了解中国人对这些事情的态度和看法。由于目标读者在文化背景和思维、阅读习惯等很多方面都不同于中国读者，为了达成外宣的最终目的，译者不得不进行斡旋。

斡旋的第一步，是了解、分析目标读者不同于中国读者之处；斡旋的第二步，是调整外宣文本的叙事方式，以保证最终的“译文”在交际意图和交际效果方面忠实于“原文”，而不是在语言组织方面忠实于“原文”。写作者在建构外宣文本“原文”的时候，通常按照其既有的思路和习惯，很多情况下，写作者并没有充分考虑到国外受众才是外宣文本的目标受众。而目标受众一旦发生改变，文本的建构也必将随之改变。在我国当前的外宣工作中，这一层次的外宣文本建构大多需经由“翻译”环节完成。为了担任好“叙事接力者”的重任，译者就必须首先充分考虑语言外和文本规范两个方面的因素，并在译文中做出相应调整。

第一节 建构外宣文本要考虑的语言外因素

一、文化/历史背景

勒弗维尔用术语“文化万象”指“物体、概念、习俗”（objects, concepts, customs）（Lefevere, 2006：86），我们借用他的界定并进行一定补充：文化/历史背景涉及物体、事件、概念和习俗。

文化/历史背景深刻地影响着人的思维。一个有趣的例子是可口可乐公司的一则漫画广告。按照从左往右的顺序读图，可以看到一个人行走在大漠中，渴了，喝了一罐可乐后，立刻精神抖擞重新上路。这则广告在美国达成了非常好的促销效果，在沙特阿拉伯却遭遇了零销售。后来营销人员才意识到：阿拉伯语的书写顺序是从右往左，因此根据阿拉伯人的读图习惯，他们看到的是一个安然无恙的人，喝了可乐反而倒下了。调整图画的排列顺序后，该广告终于起到了预期效果。

人在写作的时候是有预期读者对象的，无论写作者自己是不是能够认识到这一点，而且通常情况下，叙事者所预期的读者和自己具有共同的文化/历史背景。[①] 叙事者与预期的读者所共有的文化/历史背景知识不仅是达成叙事者所预期的解读的基础，而且提供了一

① 这里所说的“文化/历史背景”不只是一个相对宏观的概念，而是可能包含很多非常细致的层次。例如乔伊斯写 *Ulysses*（《尤利西斯》）时，心目中的理想读者应该和他本人一样熟谙西方文化，而其他的读者要想充分理解《尤利西斯》就必须借助前人的研究成果，阅读大量的相关文本；再如汽车制造手册等技术类文本，其书写者心目中的理想读者和他一样深刻了解本领域的术语规范及常规做法等。正如“文化”本身是一个内涵丰富的词汇，“文化/历史背景”一词也有丰富的内涵。

种思维方式，以及共有的身份建构。[①]

但是，外宣的目标受众所具备的文化/历史背景恰恰与外宣工作者不同。在当今网络时代，由于文本中的陌生“事”或“物”所造成的理解困难和沟通障碍相对容易解决，而“概念”和“习俗”的差异则关涉思维及思维方式的差异，是格外需要译者关注的因素。

“思维方式是主体在反映客体的思维过程中，定型化了的思维形式、思维方法和思维程序的综合和统一”（荣开明等，1989：30）。思维方式体现于民族文化的所有领域，思维方式的差异，是造成文化差异和语言差异的重要原因（连淑能，2002：40）。连淑能曾从十个方面总结东西方思维方式的基本特征，其中“整体性与分析性”、“直觉性与逻辑性”、“模糊性与精确性”与本节的讨论最为相关。

中国的传统思维是整体性、直觉性的，往往“从整体上模糊而直接地把握认知对象的内在本质和规律”，并不强调严密的逻辑和推理；而西方的思维方式则往往先把整体分解为各组成部分，“深入考察各部分、各细节、各要素在整体中的性质、地位、作用和联系，从而了解其特殊本质，为了解整体及其要素的因果关系提供依据”（连淑能，2002：43）。中西思维差异体现在社会生活的各个方面，如中医讲整体和辩证，西医则讲解剖和化验；中国画讲神韵，西洋画则讲透视。再如中国传统的诗评和文论，往往没有什么概念界定，也没有什么分析论证，直接就给结论。[②] 有趣的是，通常情况下，似乎也没有哪位中国读者会去要求论者给出论证的过程，读者似乎非常满足于津津乐道结论本身。西方的新批评主义等正与之相反，要求从词义、结构、语境等层面入手对文本进行细读，并最终汇总出

① According to the constructivist understanding of identity formation, the historical past is highly significant in forming the identity of the present as a social construct (Young Nam Cho and Jong Ho Jeong, 2008: 469).

② 即使受过西方相当程度思想影响的王国维也莫能外，如“文学之事，其内足以摅己，而外足以感人者，意与境二者而已。上焉者，意与境浑。其次，或以境胜，或以意胜。苟缺一不足以言文学。”（王国维，1996：6—7）什么是“意”、什么是“境”？怎样才叫做“意与境浑”？为什么“缺一不可言文学”？这些答案说话者是不给的，留给读者自己去体悟。

对文本的解读和赏析。

当前，中国军队很多外宣文本的撰写者是汉语单语思维者，即使明知目标读者不是中国人，也依然无法避免自身思维背景、思维习惯给文本写作带来的影响。对照英语使用者的思维方式和思维习惯，会发现中国的外宣文本中容易出现下列几类问题：

（一）汉语的表述不够严密

举例来说，十多年前中国曾广泛使用“嫌疑犯”这个词，现已改称“犯罪嫌疑人”。诚然，偏正词组“嫌疑犯”的中心词是“犯”，即“罪犯”，尚未经过审判就已将之定性为罪犯，这是不合法理的。表述逻辑不严密，导致了不良后果。

近年来，在全球化的进程中，随着中国政治、经济、文化的发展，也随着中国在经济、文化等各个领域与世界接轨，国人越来越强调严密的逻辑与精确的表述，开始注意克服汉语传统思维及表述中有时存在的随意性和模糊性。不过，由于思维方式的差异是一种本质性的差异，而汉语的“意合”特征也深刻影响了语言表述方法，在外宣实践中，语言表述的严密性一直会需要外宣工作者高度关注。下文例 11 也能部分提供佐证。

（二）汉语的文章内部推进机制不同于英语

汉语单语思维者所撰写的外宣文本，文本的话语方式及内部推进机制[①]都出自汉语的思维背景，是中国读者所熟悉的，却是国外受众未必熟悉、甚至未必能够理解的。在这样的情况下，如果不调整文本，势必影响宣传效果，如《“特种”部队》[②] 的开篇：

例 11：

---

① 文章内部推进机制与主位推进有关，即各句主位之间的渐进过程，第四章第二节第二部分有更为详尽的介绍。

② 郝成涛．“特种”部队［J］．Silent Shield Bearers. Wu Qi（tr.）．中国军队，2011（3）：50—59.

坐落在北京城西四环路外的中国人民解放军军事医学科学院看上去和中国军队的其他单位没什么区别。

威严的大门。笔直的人行道。整齐的教学楼。宽阔的操场给喜爱运动的科技工作者和学生提供了活动场所。藏书丰富的图书馆、绿树成荫的小公园，则是那些爱好读书者的良好去处。

但是，只要在这里走上一阵，差异便自显现。

院子内安静异常。擦肩而过的车辆是静悄悄的。匆匆忙忙的行人也是静悄悄的。

例 11 的划线部分突然转换了表达模式。从汉语的阅读习惯看，这避免了行文的枯燥单一（试对比："威严的大门。笔直的人行道。整齐的教学楼。宽阔的操场。藏书丰富的图书馆。绿树成荫的小公园。"），文笔可嘉。然而，英语的写作规范强调段落内容的一致性，还强调上下文的内容不可冲突，从英语的写作规范（或曰叙事规范）反观，就会发现下划线部分和下文第四自然段的"安静异常"间存在一定的逻辑冲突。

配套发表的英译文将原文的第三、第四自然段融为一段，而第一、第二自然段则采用直译法保留了原文的行文方式，如下：

At first glance, the Academy of Military Medical Sciences (AMMS) of the People's Liberation Army looks like any other Chinese army organization.

Located outside the west Fourth Ring Road of Beijing, the AMMS impresses people with a majestic gate, straight pavements and rows of teaching buildings. The square recreation ground is a heaven for sporty researchers and students. The well-stocked library and small shady park are idyllie places to read.

However, after staying a while in the compound, you will notice the differences: the courtyard is unusually quiet; vehicles pass by soundlessly; pedestrians scurry in silence.

笔者认为这样的处理并没有解决行文逻辑冲突的问题，该译文还需要进一步的调整。通读全文后可以发现，整个文本的叙事意图在于告知中国人民解放军军事医学科学院的作用及贡献，上文所引是开篇，只是为了打开话题。这四个自然段的功能是文章导入，不是描述院落布局。出于这样的分析结果，建议删去部分次要信息，把译文的前两个自然段也合并到一起：

> At first glance, with its majestic gate, straight pavements and rows of teaching buildings, the Academy of Military Medical Sciences (AMMS) of the People's Liberation Army located outside the west Fourth Ring Road of Beijing looks like any other Chinese army organization（原文第一、第二自然段笔者的试译文）。
>
> After staying a while in the compound, however, you will notice the differences: the courtyard is unusually quiet; vehicles pass by soundlessly; pedestrians scurry in silence（《中国军队》配套发表的原文第三、第四自然段的译文，将 however 的语序做了调整）。

这样处理后，第一个段落实际上是一句，该句的内部推进机制更符合英语行文的特点，即重点内容放在句子主干部分予以突出。文字简洁明快，能更合逻辑地导入文章的主体部分。

修改后的译文在表述上还有这样两个改进：1. 对比得到了突出。因为语序的组织，读者会更方便地留意到译文第一段段首的 at first glance 和第二段段首的 after staying a while，并在叙事者所用转折词 however 的引导下更为关注后者，从而有利于对全文的解读；2. 逻辑性得到加强。删除对操场、图书馆和小公园的描写，保留从军事医学院的大门可以一眼看到的景色，符合 at first glance 的描述，同时也避免了6项并列所带来的冗长感。

（三）中国的某些概念和习俗并不为西方读者所理解

中国人民解放军是“人民子弟兵”，我们的政治本色要求军人热爱人民，“就是要忠实践行全心全意为人民服务的根本宗旨，视人民利益高于一切、重于一切，永葆人民子弟兵政治本色，与人民心连心、同呼吸、共命运，为人民无私奉献”。① 由于中国军队的发展历史等因素，我国的军民关系边界相对模糊（王永昌，2010），“军民鱼水情”等观念深入人心，国家和地方对军队都有“双拥”的要求。

在西方，“军队在职能区分上更强调担负作战责任问题，社会责任担负得比较少”。②

正是由于这一差异，对外宣传中国军队的某些做法时，可能就会招致一些不解。

2011年第3期《中国军队》杂志有一篇文章题为《当兵的是咱自家人》③（参见附录2），讲的是A部队某连真诚帮助驻地民众发展经济、解决各种生活困难，从而获得民众衷心支持的故事。文章分三个小节，各小节标题分别为：“军师”王老四④、带动多数富起来、连队就是村里的一户。文章的内容不仅反映了我党群众路线的传统、

---

① 胡锦涛提出：大力培育当代革命军人的核心价值观［EB/OL］.（2008－12－30）. http://www.china.com.cn/policy/txt/2008－12/30/content_17033479.htm.

② 公方彬. 中国梦的实现 须有强军梦来支撑［EB/OL］.［2013－08－19］. fangtan.people.com.cn/n/2013/0801/c147550－22412702.html.

③ 卢东方. 当兵的是咱自家人［J］. The Army as Neighbors. Yao Yuan（tr.）. 中国军队，2011（3）：100—105.

④ “军师”是中国古代的一种官职，掌管监察军务之事，往往为主官出谋划策。姜子牙、诸葛亮等著名军师都留下了一些传奇和佳话。本语境中，是说王老四向部队提供走私者的情报，从而让走私者伏法的故事，王老四并非真正的“军师”。但如果要向西方受众说清楚“军师”的概念及其在本语境中的所指，是要费一番口舌的。是不是有必要做出这些解释，取决于这个词汇本身以及相应的解释是否有助于达成宣传目标。经过综合判断，译者作出了比较大的调整。

反映了中国军队“为人民利益而战”的传统，[①] 而且突出了我国传统观念中“家”的概念，更容易引起中国读者的共鸣，能够起到很好的对内宣传的效果。

但是，在外宣语境中，目标受众发生了改变。在普通的中国读者看来是军队应当承担的任务，或者是正常的军民关系，却并不符合普通西方受众的期待。这样看来，至少在当前，目标受众可能会很难理解中国军队为什么要花那么多精力来帮助驻地人民致富？那是不是“不务正业”？因为难以理解，就难以欣赏或首肯，那么这样一篇宣传稿在目前就未必有利于中国军队积极形象的建构。

然而换一个角度看，让西方普通受众了解中国军队的特点和传统，正是军事外宣的重要任务。不过这个任务要靠长期努力才能完成，无法一蹴而就。所以，译者要帮助有关人员做好外宣文本的选择工作（参见第五章第一节）。

了解相应的概念和习俗，保证说话方与听话方有共同的所指，对于保证目标受众做出叙事者所期待的解读至关重要，从词汇层次（如“90后”）到观念层次（如“双拥”），莫不如此。外宣译者必须时刻留意外宣文本中所涉及的文化/历史背景的差异，尤其是思维方式以及概念习俗的差异，根据外宣的具体情境做相应处理，并且提出相应的建议（参见第五章）。

二、价值观

价值观指人如何看待客观存在的价值关系，是“对客观事物的意义、重要性等基本价值问题的根本观点和看法”，包括人生价值观、道德价值观、科学价值观等。价值观决定人的价值取向（朱晨

---

① “我军从产生以来，它就没有具体的区分战争还是和平，只要是人们群众需要的，它都要承担，这就是我军的最大特点。也正是为人民利益而战，所以牺牲精神更强，一定意义上讲，我军的牺牲精神，全世界的军队都无出其右。”公方彬．中国梦的实现 须有强军梦来支撑［EB/OL］．［2013－08－19］fangtan. people. com. cn/n/2013/0801/c147550－22412702. html。

静，2012：22）。价值观与文化/历史背景存在关联和一定的交叠，不过，将其独立出来讨论显得更加清晰。

价值观关涉什么重要、什么不重要，而对于同一件事，不同的社会很可能会有不同的判断。

不同的民族也有一些共有的价值观，如热爱祖国、尊重生命、诚实自尊、有责任感、热爱家庭、对战友高度信任和高度忠诚等，也有人称之为普适价值观。在军事外宣的大多数语境中，诉诸的正是这些普适的价值观，如中国海军在亚丁湾的护航行动就是如此。这时，由于目标受众的价值判断和外宣叙事者的相同或总体相同，宣传的内容非常容易达成积极的宣传效果。我国2008年推出的军旅题材电视连续剧《士兵突击》就是一个典型的例子。

制片人张谦曾在互联网发帖询问有没有海外朋友看过《士兵突击》，很快就收到大量回帖，观众来自美国、比利时、沙特阿拉伯、俄罗斯、日本、秘鲁等数十个不同国家和地区，都给予了该片很高的评价。2008年10月，该片作为中国唯一的代表剧目应邀参加东京国际电视节展映并获奖，是我国军事题材电视剧获得的第一个国际性奖项。法国也有文化公司表示将把它用作中文教学和文化推广的教材。[①] 《士兵突击》获得成功的一个重要因素就是：片子的主题——成长，包括主人公许三多的成长，也包括作为衬托的成才等人的成长——以及片中所弘扬的战友情谊，符合大多数民族的价值观，客观上很容易获得普遍认同。

与《士兵突击》相反，我们也有不少外宣材料在价值观方面出了一些问题，而且这样的问题往往是单语思维背景的外宣工作者很难察觉到的。之所以难以察觉，是因为汉语单语思维的外宣工作者一直生活在中国主流文化的价值观体系中，很少有机会参照别的民族和别的文化的价值观进行反思。

例如，在我国我军的先进典型事迹报告中，经常可以看到对

---

① 《士兵突击》获奖 国外为何青睐中国兵. http：//news. qq. com/a/20090109/001066. htm。

“带病坚持工作”者的褒奖和赞赏。从解放前的战斗岁月开始，我们就崇敬“轻伤不下火线”的大无畏的革命精神，广加赞誉，甚至可以说大量此类报道和赞誉塑造了一批人的价值观。在新中国成立之前物质条件非常有限的情况下，带病坚持工作这种精神值得推崇，宣传也起到了积极效用，鼓舞了全国上下努力克服各种困难去争取目标的实现。但是，发展到21世纪，在中国和中国军队已日益强大的今天，如果还一味尊崇甚至广为宣传“带病坚持工作”，无疑已经存在不小的问题，在军事外宣领域尤其如此：

从理论上说，一支军队要有战斗力，至少应该保证军人身体健康；而一旦军人患病或受伤，都应该能够得到及时治疗和救助。那么，一支褒奖而且大力宣传“带病工作”的军队，到底是因为军人的身体素质普遍不好，还是因为没有能力为他们提供治疗？还是因为本来就不重视军人的健康？再则，还有其他也坚持工作而且还保持了身体健康的人，或许做出的贡献更大，这时是应该褒奖、鼓励、学习那些贡献更大的，还是那些生病了却不去治疗的？

对赴利比里亚维和工兵团团长江汉刚的事迹报道①就是这样一个例子。2010年12月15日，李长春同志接见江汉刚，转达了胡锦涛总书记的慰问，并要求全体中国人民学习江汉刚的“坚定信念、奋斗精神及敬业精神”。② 英文报道中上述措辞已经经过了降调处理，③而对内报道的措辞应该是李长春同志的原话：“学习他爱党报国、忠诚使命的坚定信念，胸怀大局、为国争光的崇高追求，顽强拼搏、

---

① 北京军区工兵团长江汉刚：用生命履行和平使命［EB/OL］．［2013－06－16］；mil. news. sina. com. cn/2010－12－03/1752622209. html．［2013－06－16］；english. cpc. people. com. cn/66102/7232499. html［EB/OL］．［2013－06－16］；news. Xinhuanet. com/mil/2010－12－15/c_ 13650456_ 2. htm［EB/OL］．［2013－06－16］；Eng. mod. gov. cn/SpecialReports/JiangHangang. htm［EB/OL］等。

② “Li urged all Chinese people to learn from Jiang's strong belief, hardworking spirit and the devotion to his career.”［2013－06－16］. english. cpc. people. com. cn/66102/7232499. html。

③ “降调处理”，指减少形容词和副词的使用，改变汉语中浓墨重彩的表达方式，尽可能使用平实的语言进行表述。

争创一流的进取精神，爱岗敬业、无私奉献的职业道德，不畏艰险、敢于牺牲的英雄气概。”①

这是非常高的评价。读者肯定会希望了解江汉刚到底做出了什么样的贡献，有哪些事迹。可惜的是，在笔者所能查到的所有相关报道中，可以概括出的中心话题只有两个：一是带病工作②；二是回国后在治疗期间与病魔斗争。笔者没能查到江团长到底带领自己的工兵团做了哪些事情。笔者分析，出现这样的现象不是因为江团长及其团队没有做实事，而是因为我们的宣传工作者的“选择性采用”——我们的宣传工作者出于自己所习惯的价值判断，认为上述两点才是最值得突出的内容。

联合国之所以规定罹患重大疾病者必须回国治疗，就是出于对生命价值的尊重。换言之，病了得治，这才符合普适的价值观。江汉刚带病坚持在一线工作，称得上“无私奉献”，但用“敢于牺牲”来概括则未必贴切③——试想，一个战场指挥员是应该慎重科学地制订最佳战斗方案，既争取胜利同时又最大限度地避免伤亡，还是应该带头蛮冲？前者难道就是不“敢于牺牲”，就是没有担当？如果这样的宣传稿被一个对中国和中国军队不太友好的国外读者读到，他会不会由此推测报道中的这些细节意味着江汉刚不信任队友和同事？或者意味着团队的集体战斗力不够，没有团长事必躬亲就没法顺利完成任务？他会不会认为江汉刚漠视生命？在并非没有其他选择的情况下连自己的生命都不爱惜，那么这样的团长不可能爱惜手下士

---

① news. Xinhuanet. com/mil/2010 - 12 - 15/c_ 13650456_ 2. htm [EB/OL]. [2013 - 06 - 16].

② 江汉刚同志在出国前就已有胃部不适的症状，到任务区后由于连续多日劳累，病情恶化，“经常用手顶着肚子，有时疼得头上、脸上都是汗珠”。即便如此，因为工作繁忙，他不肯去15分钟车程以外的二级医院。两个月后，各项工作走上了正轨，江汉刚这才终于同意去二级医院检查。但二级医院无法确诊，建议他去三级医院，而江汉刚明白，一旦三级医院检查出重大病情，必须回国治疗，因此坚决不去。就这样一直拖到回国，回国后第八天确诊为胃癌晚期。

③ 同样，笔者判断，李长春同志对江汉刚的每一句评价一定都是有来源和依据的，江团长也一定有真正“敢于牺牲”的事迹。但是，由于一系列的宣传工作只突出了“生病”这个关键词，普通读者看不到江团长真正的贡献，才会产生这样的质疑。

兵的生命和健康。更进一步，读者会不会秉持叙事“性格连贯”的原则，窥豹一斑地胡乱猜测中国军队？甚至，他会不会断章取义地引用我方报道中的某些细节，用这些“客观事实”来佐证自己的观点？

这些只是笔者的分析。实际情况是，我们找不到国际上对江汉刚事迹的反馈和评论。通过谷歌和必应搜索“Jiang Hangang”只能看到来自国内网站的搜索结果，只有一个来自 kabba. net，网页上有俄语，但其英语内容似乎是来自机器翻译，没有完整的语句，也没有对这件事的评论。

没有反馈，说明我们的宣传工作还做得不够到位；但这也是好事情，说明还有机会来修正外宣报道中在价值观等方面可能存在的问题。

单语思维背景的宣传工作者身处中国和中国军队的大环境，习焉不察，往往是不假思索就“选择性采用”了自己所熟悉的角度和表达方式，并没有去思考这样的角度和方式是不是能够引起国际上大多数读者的共鸣，或者说，没有思考这样的报道是不是能够起到预期的宣传效果。同样还是在对江团长的报道中，宣传工作者们浓墨重彩，长篇累牍，渲染他如何藐视病魔。一篇题为“It is No Big Deal”的文章说，有一次化疗结束后江汉刚坚持要步行回家，但他每走不到 100 米就不得不停下休息，2000 米的路足足走了 2 个小时。在中国读者看来，这是铁人意志的展现，是藐视病魔并最终战胜病魔的心理基础，是值得赞赏的。然而，同一篇文章中也谈到了医嘱：化疗后免疫系统非常脆弱，容易感冒，冷天不宜步行。因此，这一篇英文报道也不是没有可能引起质疑甚至反感：病人是应该服从医嘱积极配合治疗的，不可以不顾科学为所欲为。

十八大报告将社会主义核心价值观总结为 24 个字：在国家层面上是“富强、民主、文明、和谐”，在社会层面上是“自由、平等、公正、法制”，在个人层面上是“爱国、敬业、诚信、友善”，这一核心价值观体系不仅全面完整，而且符合普适的价值观。在 2008 年底的一次重要会议上，胡锦涛同志系统提出了中国当代军人的核心价值观："忠诚于党、热爱人民、报效祖国、献身使命、崇尚荣誉"，除第一个方面可能会引起"军队国家化"的争论[①]以外，其他四个方面的内容在与世界上其他国家和其他军队的交往中都不会带来理念上的冲突。反观我国当前的外宣行为，如果在价值观方面存在不足，绝大多数情况下不在于宏观，而在于细节。有时我们对细节不够关注，套用了对内宣传的一些口径、倾向和做法，导致宣传文本的可信度（credibility）下降。叙事学强调读者也是叙事是否成功的关键因素。外宣工作者想要塑造英雄，而读者接收到的也许却恰恰是相反的信息。这种含有可能有悖于目标受众价值观的内容的报道，单语背景的外宣工作者往往是意识不到的，需要双语思维背景的外宣译者来"深加工"。具体内容参照第五章。

军事外宣不能不经思考地套用对内宣传的一些倾向和做法。动用"选择性采用"的技巧，调整外宣文稿的价值观表述，对于建构外宣文本非常重要。

三、国家利益与立场

国家利益指民族国家的利益，是个多维的概念，通常包括国家领土、国家安全、国家主权、国家发展、国家稳定和国家尊严 6 个要素（军事科学院战略研究部，2001：40—46）。在不同的历史背景下，国家利益的具体内容会发生相应变化。近年来，我国综合国力不断增强，国际地位不断提高，我国的国家利益也相应得到了拓展，原先以生存利益为中心，现在以发展利益为中心。

任何国家都要维护自己的国家利益，这就带来了各国在国际事务中的立场问题。立场即"认识和处理问题时所处的地位和所抱的态度"（现代汉语词典，1988），维护各自国家利益的需求，历史因素造成的不解及冲突，甚至意识形态差异导致的偏见等，都可能导

① 对"军队国家化"观点的反驳，参见公方彬．中国军队为什么要坚持党的领导［EB/OL］．［2013－08－09］http：//military. people. com. cn/n/2012/0806/c1011－18678955. html。

致不同的国家对于同一事件持有不同的立场。中国国家利益的拓展在客观上对周边形势和国际形势造成了影响，而军事领域又是一个极其敏感的领域，由于不同的国家利益和立场，各国对同一件事必然会有不同的反应。

2007 年 1 月 11 日，我国发射一枚导弹销毁了尚在轨道中运行的报废气象卫星风云 1 号。这一正常举动引起了国际社会不小的反响，甚至有不少人猜测中国是在以此挑衅美国的军事力量，[①] 说美国当前的实时通讯、战场监控、武器瞄准、情报收集和侦察活动等都依赖空间资源，那么中国发射导弹之举可能是在“告知美国，北京可以用相对简单的手段来克服自身的不足”。同一篇文章在结论部分说：“中国在世界事务中越来越重要，这意味着中国必须采取更多行为来展示她所陈述的意图。而同时，美国以及世界上许多国家将不得不继续猜测，中国会是一个什么样的伙伴。”（Gill and Kleiber，2007：6）《华盛顿邮报》的一篇报道更直接地表达了叙事者的态度，说这次摧毁卫星是“20 年来国际上的第一次，令人担忧美国卫星会受到攻击，还可能引发空间军备竞赛。”[②]

由于国家利益和立场不同，外宣工作者通常遇到的是“对抗性语境”而非“对话性语境”[③]，由于军事问题的敏感性，在军事外宣领域尤其如此。外宣工作者要事先充分考虑到利益和立场差异所带来的潜在制约，在预测目标受众可能会产生对抗情绪的前提下，采用各种叙事策略来逐步打消这种对抗心理甚至敌对情绪，争取让目标读者接受我方的观点，至少愿意听一听我方的观点。外宣文本的

---

① One widespread view is that the anti-satellite test was a shot across the bow of U. S. military power.（Gill and Kleiber，2007：2）.

② Kaufman，Marc and Dafna Linzer. China Criticized for Anti-Satellite Missile Test［EB/OL］.［2013 - 08 - 11］. http：//www. washingtonpost. com/wp-dyn/content/article/2007/01/18/AR2007011801029. html.

③ “对抗性语境”是指言语行为主体之间彼此敌对而试图消灭对话者的语境（陈佳璇等，2011：72），在具体的言语活动中，往往是和“对话性语境”相互渗透的。“对话性语境”指“言语行为主体努力理解对方的同时也努力使对方理解自己的语境”（陈佳璇等，2011：72）。

撰写人要考虑这些因素，要统一宣传口径、动用“选择性采用”等技巧，在提高可信度等方面下功夫。但是，毕竟单语思维背景的外宣工作者对目标受众的思维及阅读习惯的了解和把握并不如双语背景的译者深入，所以在很多情况下译者仍需对外宣文本进行进一步的加工。

四、信息需求

信息需求来自满足总体需求的客观需要。马斯洛指出人有五大需求，依次是生理需求、安全需求、社交需求、自尊和受他人尊敬的需求，以及自我实现需求等。为了满足这些需求，就得从事各种活动，在从事各种活动的过程中人们又必须获取各种信息，这就产生了信息需求。信息需求并非一成不变，是由个人主体因素、社会因素和自然因素三个方面互相联系、互相影响所决定的。

也就是说，由于个人、社会和自然因素的差异，不同的人对信息的需求不尽相同。对于同样来自中国和中国军队的信息，需求不同的情况也同样存在。举例来说，2013 年 4 月 20 日芦山发生地震灾害，这时国际国内的受众都希望了解地震强度、人员和财产损失情况、灾后救援措施等，也希望了解地震灾害到底发生在什么地方。面向普通的国内受众时，介绍地理位置只要说“四川雅安市芦山县”就够了，最多加上“距成都 100 千米”；而对于国外受众来说，“Lushan County in Southeast China’s Sichuan Province”① 的表述方式则更为有效，其中略去了“雅安市”这一相对次要的信息，却加上了四川省的大致地理方位，能帮助不了解中国地理的受众大致了解地震的发生地点；联系到此前 4 月 1 日的日本 6.0 级地震，4 月 6 日印尼 7.0 级地震，4 月 9 日伊朗 6.3 级地震和 4 月 16 日伊朗 7.8 级地震，四川境内可能有部分受众会关心下一次地震的发生地点和时间预测，而普通的西方受众则不大会因芦山地震而担心自己遭遇地震

① news. xinhuanet. com/English/photo/2013 - 04 - 21/c - 132326916. htm. [2013 - 06 - 02].

的可能性；所在部队在救灾一线的官兵，他们的父母亲人必然更关心当地的余震、公共安全、食品和卫生安全等信息，而其他受众则不会有这么详细而具体的信息需求。

信息需求源自“涉及某话题或某局势时，某人认识到自己的知识存在异常状态”，而且通常情况下这个人也并不能清晰地说出自己到底需要些什么才能解决这种异常状态。（Belkin et al.，1982：62）信息需求者很难明确自己需要什么信息，信息提供者同样也很难确定受众的需求到底是什么，但毕竟可以有个大致的判断，例如，结合其工作、生活环境，分析他以往关注的信息，就可以大致推断其今后的信息需求。[①]

在信息需求方面不区分不同国家和地区的目标受众，这种做法是不会带来积极的外宣效果的。随着有关研究的深入和有关理念的推广，外宣文本的撰写者已经懂得要结合目标受众所在国的政治形势、民族特点、生活方式、风俗习惯、宗教信仰、接受兴趣、利益诉求等情况来具体分析其信息需求，有针对性地确定报道的基本内容以及报道的形式、方法和技巧。但与上文所说的其他语言外因素的情况相同，撰写者对目标受众的了解往往不如译者深入，所以译者仍需对文本进行进一步调整和加工。

上述四个方面的语言外因素，其种种差异最终体现在语言和文本中。军事外宣译者需要充分考虑语言外因素可能带来的影响，认真分析每一篇具体文本中隐含的语言外因素，以便在建构“译文”的过程中做出相应调整。具体的调整内容将在下一节详细探讨。

第二节　建构外宣文本要考虑的文本规范

目标受众对所阅读文本的“体裁和常规”有一种默认期待。军

① http：//ishare. iask. sina. com. cn/f/12683942. html.

事外宣文本至少要部分符合这种期待，才能保证读者愿意去读。

本节打算围绕修辞和连贯这两个关键词展开讨论。修辞主要关注每一句话是怎么说的，是否能让目标受众感到可信、可接受，而连贯则主要关注句与句之间、段与段之间的安排，并且关注整个叙事文本是否有效地形成了一个整体，而这个整体在目标受众看来是否又具有意义。

一、修辞

修辞不仅仅指如何运用比喻、夸张、排比等修辞格，更多是指如何运用语言材料。《辞海》（1999）中“修辞”词条的定义是：“依据题旨情境，运用各种语文材料、各种表现手法，恰当地表现写说者所要表达的内容的言语活动，也指这种修辞活动中的规律，即人们在交际中提高语言表达效果的规律。”在本书中我们主要关注前者。

修辞需要动用修辞策略，即“修辞主体为达到一定的交际目的，根据特定题旨情境和修辞受体的特点而设定的修辞方针和说服方式”（罗菲，2010：105）。可见修辞策略具有四个要素：1. 具有特定的交际目的，最终目的是“说服”，或曰“建立认同”①；2. 考虑交际的特定发生背景；3. 关照交际对象的需求；4. 有意识地动用各种手段。

修辞策略总结来看无非是“动人以情”、“折人以理”和“情理兼备”（罗菲，2010），其最终目的是说服受众接受自己的观点，至少不反对自己的立场。外宣翻译的本质，也就是要利用外宣文本进

① 军事外宣这种修辞行为具有自己的特色：其目标受众来自其他国家和地区，由于各种语言外的因素，尤其是因为军事力量历来是一个国家的敏感问题，和国家利益有千丝万缕的联系，在很多事情上不太可能“说服”对方放弃自己的立场转而与我们的立场建立起认同感。在这样的前提下，军事外宣工作者所追求的目的，就是让目标受众了解我们的真实情况、实力与想法，理解我们的做法，能够做到不反对我们的观点，并最终逐渐争取能有越来越多的国外受众认同我们的一些做法，从而提升中国军队乃至中国的软实力。

行说服工作（袁卓喜，2013）。西方古典修辞学指出说服三要素为 *ethos*（伦理诉求）、*pathos*（情感诉求）和 *logos*（逻辑诉求）。伦理诉求指说话者本人的道德品质和个人信誉等是否能够说服目标受众，取决于说话人的性格，也取决于说话人是否表现出了友善等态度，从而保证受众愿意信任他；情感诉求指说话者要体会受众的心理，诉诸受众的感情，通过修辞策略的运用而让受众暂时处于某种心理状态之中；而逻辑诉求则指讲话本身要具有内在逻辑，并且具有一定的语言表达技巧。伦理诉求和叙事学所强调的“性格连贯”有关，逻辑诉求则和“情节连贯”与“材料连贯”有关（参见第二章第二节），有共通之处。

说话人动用修辞策略，既用情感来打动交际对象，也积极调动交际对象的理性思维并鼓励他们动用自己的判断力，以保证他们进行判断后依然能够接受说话人要陈述的观点主张。如果做到了这一点，就可以判断说话人与目标受众成功地建立了“认同”。“认同表现在两个方面：一是内容的可接受性，译文话语是否可信；二是形式的可接受性，表现为对话语表述规范的尊重”（陈小慰，2011：126）。

外宣叙事文本的目标受众来自另一种语言文化背景，而单语思维背景的外宣工作者在撰写文本的过程中，往往不能像译者一样“充分评估修辞情境因素”。那么，身为外宣叙事者的译者就必须“以修辞者的角色参与外宣译文话语的构建”（袁卓喜，2013：92）。外宣翻译不是机械直译，甚至在不少情况下，外宣材料的“原文”只是供译者写作的素材而已。

从修辞角度看，建构外宣译文文本需要充分考虑到文辞习惯、内容取舍、语篇习惯和受众意识等四个方面。不过这几个方面并不是界线分明的，有时会存在一定的交叠现象。

（一）建构英语文本时要采用朴实的文辞

汉语历来有重雕饰、重“文采”的倾向，强调辞藻华丽，讲究对仗和整齐的结构。汉语行文中排比、对偶的句子结构大量存在，四字结构和成语的铺排比比皆是，其中有些构成了汉语表述中的冗余信息，[①] 有些则纯粹是文字的堆砌，看似词句优美，实则不知所云。而西方的修辞传统则推崇“表面上看似平白无华、质朴自然、实则精心构筑的修辞文本”（陈小慰，2011：180）。

上述客观差异，导致了汉语思维者和西方读者对叙事者“性格连贯”的不同期待。汉语的修辞传统崇尚“美文”，因此华丽的语句似乎就是叙事者能力的体现，也是叙事者可信度的体现，在这样的背景下，汉语文本往往使用大量的形容词和副词，唯恐语气的传达不够到位；而西方读者对用语强烈和夸大其辞特别不能接受（段连城，2004：57），文藻过于雕饰，措辞态度激烈，都会导致西方受众怀疑信息的可信度。当前，汉语的表述习惯总体上出现了不小的问题，例如“激情奉献”取代了“奉献”，“闪亮登场”代替了“出场”，流风所及，即使是中央电视台等权威机构在严肃场合的播报也未能完全免俗。

一旦思维和表达形成定势，就比较难以改变，因此汉语书写的大部分外宣材料在文辞风格上会显得浮夸。而文辞风格又会进一步影响到受众对叙事者“性格连贯”的判断——如果受众认为叙事者不可信，那么叙事文本也就无法得到信任。

正因为如此，外宣译者需要对外宣文本进行“降调”处理，即尽可能采取中性的、平实的语言把事情说清楚。第三章第一节所引的很多例子中，译文删除了大量的修饰词，就是出于这样的考虑。

再如这样一段讲对抗演练的对外宣传稿：

例 12：

---

① 赵刚曾分析汉语中冗余信息的六大成因，其中两点与本书的讨论尤为相关：为了修辞上的需要，为表示强调和增强气势增加修饰词（如“不切实际的幻想”）、为了结构的平衡而采用同义或近义反复（如“骨肉同胞、手足兄弟”）。赵刚指出，“汉语的冗余信息在语言的主要层面均有表现，具有不同的构成原因和手段，服务于不同的功能，这决定了我们在翻译时需根据不同情况，灵活变通，或省略，或复制，或融合”（2004：57）。

战车泛水、浮渡射击、抢滩登陆，每一个课目，都让人感到这个连队精湛的技术和强烈的信心。担任主攻任务的六连，驾驭中国军队最先进的新型两栖装甲步战车，向“对手”发起猛烈突击。战车劈波斩浪，浮渡射击，一个个预设目标被准确命中，一道道防御工事很快被摧垮，最终，在规定的时限内，六连将战旗插上了目标高地。

文中两段下划线部分就是汉语“拔高”和夸张修辞的表现，深受我国对内宣传报道文体风格的影响。换个角度想想，如果担任主攻任务的连队连命中目标的能力都不具备，难道还会值得宣传吗？宣传稿中这样的表述不符合译入语的写作规范，无益于宣传目的的达成，甚至会引起受众反感。译者在建构译文文本时，就必须进行降调处理：

The drill, featuring a beach landing, highlighted the company's confidence and skills. Equipped with China's most advanced amphibious infantry vehicles, 6th company, as the main assault team, made a fierce attack on the "enemy". On their fast moving vehicles, they hit their targets and destroyed enemy fortifications. They planted the company flag on the target high ground within the set time. ①

（二）建构英语文本时要遵循相对固定的体裁和常规

常见语篇类型都有“相对固定的结构模式和修辞表达习惯”（陈小慰，2011：181），也就是通俗所说的文体要求。表述习惯是和文章的内容及出现场合等因素相挂钩的。从外宣角度而言，比较常用的有两种文体：一种是报告，如党和政府的工作报告、国防白皮

① 郭维虎．海上追踪“硬骨头六连”［J］．The "Hard-boned 6th Company". Wang Hongjiang (tr.)．中国军队，2011（1）：78—83。

书等，另一种是新闻报道，可以按所播报事件的性质粗线条地分为硬新闻[①]和软新闻两大类。

通常情况下，报告的政策性和学术性色彩较浓重，逻辑严密，句型和措辞都很严谨，中英皆然。下文将有详述（参见第五章第一节第三部分），此处从略。

西方读者普遍认为新闻报道“应该通过摆事实引导读者得出某个结论，而不是试图把结论强加给读者”（闫威，2011：25），认为新闻报道的措辞应当尽力避免显现出说话者的价值判断。英语硬新闻的文体风格是简洁、明了、客观，通常由标题、导语和正文三个部分组成，大多采用“倒金字塔”的结构。当前，我国很多对外新闻报道稿件的结构与目标语的新闻稿趋同，但是由于受到汉语修辞传统的影响，还存在表述风格不尽相符的情况，需要译者根据目标语同类稿件的常规和体裁进行调整。有关这一点，在第五章第二节第二部分“微观层面的思考与操作”中还会有更为详尽的探讨。

（三）建构英语文本时要面对不同的受众相应转换话语方式

刘亚猛发现，在中国的修辞思想传统中，修辞者在处理与受众的关系时，比较侧重自身言谈的“一致性”，任何负责任的个人或团体从不轻易改变既有的措辞、口径和说法，官方机构尤其如此（转引自陈小慰，2011：180）。外宣语境中也常出现这样的问题：即使面对不同的目标受众，说话者仍使用符合自己通常话语习惯的、同一套表达体系。例如，原沈阳军区司令员张又侠中将为2011年第一期《中国军队》撰稿《实战化训练的回顾与展望》，其中第二自然段是：

例14：

新世纪新阶段，沈阳军区担负着“两个维护”的使命任务。有效履行新的历史使命，提升基于信息系统的体系作战能力，

---

① 硬新闻又称“纯消息报道”，“指题材比较严肃、具有时新性的客观事实报道”（张健，2004：34）。

要求军区部队必须遵循“练为战”这一永恒法则，通过军事训练这一基本途径扎实提升实战能力。

“两个维护”这样的话语方式由数字与中心词组成，是一种高度凝练的表达，又如“一个中心、两个基本点”、“三严三实”等，因为精炼，广受欢迎。然而，如果不经解释，这种精炼的表达无疑会给国外受众造成困难，起不到应有的告知信息的功能；如果连信息功能这样最基本的功能都无法实现，文本自然也就无法达到预期的宣传的目的。可是，也正因为这样的表达形式凝练，如果使用注解，注解必然会很长，在一定程度上会打断读者的正常阅读进程，也不利于宣传效果的达成。

西方的修辞传统则要求修辞者在面对不同受众时相应转换话语方式。遵循这样的规范，译者将之处理成：

The army is ordered to follow the constant principle of training for real combat, in order to accomplish the tasks of the time, and to adapt to the requirement of information-based warfare. ①

这段英文回译后是这样的：“要求军队遵循‘练为战’这一永恒法则，目的是履行新的历史使命，适应信息战的作战要求。”译者略去了“两个维护”,② 简化表达了“提升基于信息系统的体系作战能力”和“通过军事训练这一基本途径扎实提升实战能力”的意思。虽然信息的表述方式得到了简化，但核心信息并没有丢失。译文在修辞策略和修辞手段上进行调整后，能够基本实现原文的交际目的，有望得到目标受众的有效接受。

---

① 张又侠．实战化训练的回顾与展望［J］．Simulated Combat. Xu Lingui（tr.）．中国军队，2011（1）：4—7。

② 即“为维护东北地区安全稳定提供有力的军事力量支撑，为维护我国战略全局稳定作出应有的贡献”。这是胡锦涛同志视察沈阳军区时明确提出的使命任务。

从更高的层面来说，建构译文文本时，对“原文”内容进行取舍与重新安排，也是修辞所思考的范畴，而这一部分的内容也完全可以从第二章所介绍的叙事学的基本技巧等方面来谈，此处不赘。

二、连贯

连贯是语篇的基本特征，也是语篇能否达成有效交际的重要前提。有研究者分析中国学生的英语作文质量，指出“语篇连贯性是衡量文章质量优劣的重要标志”（高云，2011：ix）；就汉译英教学进行的有关研究也表明，具有连贯意识，懂得如何相应调整译文的衔接手段，汉译英译文的质量有望快速提高（许宏，2003）。无论是直接用某种语言书写的文本，还是从另一种语言翻译而成的文本，连贯都是衡量其成功与否的一个重要标志。

学界最初在分析衔接、连贯、译文质量三者间的关系时，大多只关注文本层次。韩礼德和哈桑关注衔接手段的作用，认为衔接是构成语篇的必要条件但不是充分条件（Halliday & Hasan，1976：298）。英语和汉语的衔接手段基本相同，但各衔接手段在两种语言中的使用频率不尽相同，例如汉语多用重复这种词汇衔接手段，而英语则喜用照应和替代；再如汉语使用省略这一衔接手段的频率也比英语要高（赵春华，2007）。正因为英语和汉语达成连贯的方式有所不同，所以“译文的连贯不是对原文的临摹，而是译语连贯规范的一次具体实现”（李运兴，2001：172）。

随着研究的深入，人们认识到连贯不仅停留在文本层次，甚至“是一个语言哲学问题”（杜世洪，卡明斯，2011：83）。首先，动用了各种衔接手段的文本未必就是连贯的文本；其次，如果信息的发出者和接受者在知识结构等方面存在较大的差异，即使信息发出者认为自己的语篇是连贯的，接受者也未必认同该语篇的连贯性。于是，判断某文本连贯与否，不仅取决于文本本身的一些因素，而且还依赖一些语言外因素，如社会文化背景、认知心理模式、语篇与语境的关系等（魏在江，2004：i）。

讨论至此，有两点结论：一是外宣译文文本应该是连贯的，译者要合理动用合适的衔接手段来建构译文的文本连贯，而不是盲目照搬原文的衔接手段；二是外宣是跨文化交流，为了保证目标受众也认为外宣文本是连贯的，译者还必须结合对目标受众语言外因素的分析，根据相应规范进行写作思路连贯的重构。

（一）调整衔接手段以重构译文连贯

衔接手段是构成篇章的要素之一。句子内部也需要合适的衔接手段，各种语言文字皆然。例如，如果把“田单征集了1000多头牛，将它们全部披上五彩龙纹的红绸衣服，双角上扎着锋利的尖刀，尾巴上系着浸过油的芦苇”[①] 这句话重写为：“田单征集了1000多头牛，将这1000多头牛全部披上五彩龙纹的红绸衣服，将这1000多头牛的双角上扎着锋利的尖刀，将这1000多头牛的尾巴上系着浸过油的芦苇”，相信汉语母语的读者读了都会感到不舒服。之所以不舒服，是因为原句采用了替代和省略的衔接方式，句子流畅自然，而改写过的句子完全依靠重复这种衔接手段，不符合汉语写作的规范，有悖于读者的阅读期待。

在翻译外宣文本的过程中，衔接手段也是一个非常重要的思考范畴。汉语和英语的主要衔接手段都是一样的，主要都包括重复、替代、省略、使用关联词等，不同的是其应用的习惯和频率。在汉语翻译成英语的过程中，必须依据英文的写作规范来相应调整原文的衔接手段，这样有利于译文连贯的达成。还以上句为例，试比较：

（a）Tian Dan had his men rounded up more than 1000 head of cattle and covered every animal with red silk cloth printed in colorful dragon patterns. They tied sharp daggers to each cattle's horns and oil-soaked reeds to their tails（配套发表的译文）.

① 朱鸿亮．奇正之变［J］．Qi and Zheng. Yang Jianxiang（tr.）．中国军队，2011（3）：106—109。

(b) Tian Dan had his men rounded up more than 1000 head of cattle and covered them with red silk cloth printed in colorful dragon patterns, tied sharp daggers on horns, banded oil-soaked reeds to tails (笔者改动).

译文(a)是与《奇正之变》配合共同发表的译文。需要重复 cattle 这个词的时候，译者第一次使用上义词 animal 进行替换，第二次则直接重复 cattle，第三次用代词 their。译者还调整了原文的句型，将"扎"和"系"两个动词的主语具体化为"田单的手下"，英译文流畅清晰。此外，译者还采用了两种衔接手段：一是轭式搭配(zeugma)，用同一个动词 tie 支配两个名词 daggers 和 reeds；二是顺应了英语多用连接词的做法，原文"扎"、"系"两个动词间只用逗号表示顺连，而译文则用了连接词 and。

译文(b)是笔者为了凸显调整衔接手段的重要性而故意改动所得，完全沿用了原文的衔接手段，包括照搬原文中"(牛的)双角"和"(牛的)尾巴"两处所做的省略。这样操作的结果是，译文不合英语语法，可读性非常差。

此外，汉语的意合特征也常常反映在语句的组织上，此时有必要按照英语写作的衔接习惯来重构句子内部的连贯。如：

例 15：

如潮的掌声再次响起，靳霄胸前的"和平勋章"，闪着金色光芒。作为我军首位维和专职女心理医师，靳霄结合任务开展心理测试 400 余人次，进行心理健康状况复查 200 余人次，提供心理咨询服务 157 人次，被各国维和官兵誉为"来自中国的美丽天使"。[①]

① 靳霄：我军首位维和专职女心理医师［EB/OL］．［2011－08－22］．http：//wap.mod.gov.cn/h/jq/2011－08/15/content_4290519.htm。

下划线部分“掌声响起”和“勋章闪耀光芒”并置，没有其他任何说明，是意合的表现。汉语为母语的读者能够理解，这样的并置意味着这两个动作发生在同一个时空，因此“勋章”和“掌声”之间是存在逻辑关联的：“掌声”是为了祝贺靳霄佩戴上了“勋章”。但英语为母语的读者习惯了逻辑关系在句子中的外显表达，如果直译该句，英语读者就无法理解两个小句间的关系，会认为文稿的撰写者不讲逻辑，文稿可读性差。如果给读者留下了这样的印象，该文本能够起到的宣传作用也就可想而知了。译者必须按照英语的逻辑表达规范来调整句子。国防部英文网页上的译文是这样的：

> With the glittery “peacekeeping medal” wearing on her chest, the speech delivered by Jin Xiao draw applause like a thunderstorm from the audience. ①

译者试图用一个伴随结构来表达“靳霄胸前的勋章在闪亮”，“她的演讲赢得了听众热烈的掌声”则处理成句子的主干部分。可惜译者受到了原文句子结构的干扰，这句译文不合语法。进一步调整成 With the glittery “peacekeeping medal” on her chest, Jin Xiao delivered a speech that drew applause like a thunderstorm from the audience 就可以了。

根据译入语的规范调整衔接手段，是达成译文连贯的重要维度。

（二）提供适量的背景信息以重构译文连贯

适量的背景信息不仅是达成理解的基础，也是达成连贯的前提（参见第四章第二节第一部分）。通常人们只有在具备强烈动机的情况下才会去主动解决阅读过程中遇到的障碍，包括查找背景信息——例如读者对某件事非常感兴趣，或者认为某个文本非常有用。而外

---

① China's first peacekeeping full-time female psychologist Jin Xiao. [EB/OL]. [2011-08-22]. http://eng.mod.gov.cn/Peacekeeping/2011-08/15/content_4290688.htm.

宣的目的是让尽可能多的人了解中国并逐渐理解中国，不只是针对本已具备强烈的了解中国的动机的国外人群。因此，外宣译者有义务为目标受众提供适量的背景信息，以重构译文的连贯。

例如外宣文本中常会出现“建国以来”或“改革开放以来”等表述，考虑到国外一般受众对中国了解不多，这些表述最好处理成 since the founding of People's Republic of China（in 1949）（张健，2004：177），since China adopted the policy of reform and opening up in late 1970s 等。由于文化和历史背景差异，很多在内宣语境无需多加阐释的话语，在外宣语境中都会需要适量的背景说明。

提供的背景信息适量与否，需要结合外宣的具体语境进行判断，既不能太少，也不能太多——太少无助于读者产生准确的理解，太多则容易引入新的话题而导致读者关注点的转移，或导致文本的中心不够突出，或导致读者厌倦而丧失阅读兴趣。外宣的具体语境包括外宣事件的发生背景、外宣文本的宣传口径、主题和目的、目标受众的判断能力分析等具体因素。如：

例 16：

中原某机场，中级指挥学员与驻地空军一道查看跑道等设施。①

这篇宣传稿的主题是某指挥学院组织下的“先锋—2011”演习，而不是某指挥学院的学员构成情况，而要说清楚“中级指挥学员”是需要费一些笔墨的。译者根据本次外宣的语境，将下划线部分简化成 students，提供了适量的信息。

结合特定的外宣语境，经综合判断发现确实需要增加背景信息时，常用的方法是用插入语在上下文中加入一定的解释性话语。当然补充背景信息也一定要注意信息量合适的原则。例：

---

① 吴苏琳．记者眼中的“先锋－2011”［J］．Training Exercise “Pioneer－2011”．Cheng Junjie（tr.）．中国军队，2011（3）：88—93.

八连战士都爱看《士兵突击》，最喜欢班长“史今”。①

Their favorite drama is “Soldier Sortie”, a Chinese hit series with no romance, no women characters and no star actors. Their favorite character is squad commander “Shi Jin”, whom, they believe, strongly resembles their commander …

下划线部分是译者增添的背景信息。笔者以为在本外宣语境中，下划线部分补充的信息不符合适量原则。诚然，《士兵突击》之获热评的原因包括下划线部分所写的无关爱情、没有明星、甚至没有女性角色，但是作者的写作意图是，用《士兵突击》里演绎的战友情衬托八连来自各个民族的战士之间的深厚情谊。笔者建议，将下划线部分修改为：a Chinese hit series that describes how an ordinary soldier grew under the help of all his friends in the army.

（三）调整段落的内部逻辑推进方式以重构译文连贯

汉语遵从“自然顺序连贯”，而英语遵从“凸显顺序连贯”，反映在英、汉段落的组织方式上，表现就是段落内部的逻辑推进方式不同。

戴浩一研究发现，汉语句子如存在两个以上的动词，往往是先发生的动作先出现，如“开会讨论”，“开会”的动作比“讨论”的动作先发生，“他付了钱走了”也是“付钱”在先，“走”在后。其他一些语法现象，如比较结构、“在”字结构等，也存在类似现象。“时间顺序原则”是汉语语法中最普遍的语序原则（转引自魏在江，2005：127）。

英语则不然。如果一个句子中需要表达好几个动作，英语使用

---

① 樊永强．团结得像一个人——探访新疆军区某部民族八连［J］．Standing Together——a Visit to 8th Ethnic Company of Xinjiang Military Area Command. Liang Caiyu（tr.）．中国军队，2011(3)：94—99。

者往往会选择自己最希望得到强调的那个动作来充当句子的谓语结构，然后根据动词间的逻辑关系将其他的动作用各种语法手段处理掉。仍以“开会讨论”为例。由于英语的一个句子只能有一个谓语动词，说话者就必须先分析“开会”和“讨论”两个动词间的逻辑关系，然后再根据自己想要强调的内容来组织句子。这样，汉语只有“开会讨论”这一个语序，英语则至少可以有以下三种不同的表达方式：

(1) [… will] hold a meeting and discuss [this issue] (“开会”和“讨论”处理成并列的谓语动词)。

(2) […will] hold a meeting to have a discussion (“开会”处理成谓语，“讨论”处理成目的状语)。

(3) [this issue will] be discussed in the meeting (“讨论”处理成谓语，“开会”处理成状语)。

这三种方式都符合英语语法，差异就在于说话者希望突出哪一个动词。第一种两个动词得到了同等强调，第二种强调了“开会”，第三种则强调了“讨论”。

“凸显顺序”是英语的语序组织方式。英语使用者往往把态度、观点、结论等想要强调的内容放在句首，放在句子主干部分，然后再补述理由、事实、条件、原因、例证等（魏在江，2005：127）。

句子内部如此，句以上层面也是如此。汉语大多以时间等自然顺序来组织段落，而英语则用凸显顺序来组织段落。

英语的每一个自然段都只说一件事情，而且往往会有主题句，放在醒目的位置（通常是在段首），段落中的其他句子往往是对主题句的说明和补充，“段落中的每一个句子应该顺其自然地从每一个前面的句子中产生出来”（魏在江，2005：77）。

汉语则不然。汉语的意合思维特征同样也会反映在段落的组织上。汉语的语义发展“不是直线型的，而是按螺旋型发展的。它没有明确的段落中心思想句。它虽然也对一个意思（有时是数个意思）进行阐述，但这种阐述是顺着思想的自然发展……段落的语义呈自然流动型”（魏在江，2005：80）。由于意合，汉语的句与句之间未必需要形式上的连接手段，相应的，段落的逻辑推进也往往显得比较松散，段落中不仅可能出现与本段主题关联不紧密的句子，而且一个段落内部可能会包含好几层意思。下面这个段落是在例 1 中读到过的，就比较典型：

> “蓝军”的扮演者，主要是分布在各个战区的合同战术训练基地。作为中国军队迎接军事变革大潮的合同战术训练基地，是部队从训练场通向战场的“桥梁”。以前，蓝军是“陪练”的角色，但近年来，蓝军“越来越厉害”。[①]

下划线部分是一种补充说明，本意是为读者提供更多的相关信息。但从英语段落组织的习惯来反观，由于该段落的主题是“蓝军不再只是陪练”，下划线句就变成了一种强行的插入，它引进了一个新的话题，打断了段落的内部连贯。译者删去了下划线部分，保证了英译文段落的内部连贯：

> Training bases of every military area command usually play the “Blue Group”, a role that is becoming ever more powerful and less of a supporting role.

汉语的段落内部逻辑推进方式不同于英语，还有其他表现：

例 17：

---

① 樊永强．军演现场的眼睛［J］. Demystifying Military Exercises. Zhang Wei（tr.）．中国军队，2011（3）：28—33。

草原的黎明，从凌晨4点开始。东方的天际刚刚露出一丝光亮，阵阵急促的脚步声由远而近。全副武装的战士们正在进行每日一次的早间远程奔袭训练。他们的训练强度远远超过了常人所能耐受的范围——10千米、20千米，甚至50千米的武装奔袭，考验着每个战士体能和意志力的极限。

这些战士是被称为解放军军中精锐的侦察（特种）兵。2011年4月至8月期间，北京军区组织全区3000多名侦察（特种）兵，在朱日和合同战术训练基地展开了代号为“铁拳—2011”的侦察（特种）兵基地化训练。此次集中驻训的规模之大，对解放军侦察（特种）兵来说尚属首次。①

从汉语写作习惯看，下划线部分放到下一个自然段是不无道理的：写作者在第一段内只描写现象，没有透露人物。因为读者读到段落转换处会有一个自然的短暂停顿，写作者就利用这样的停顿设计了一个小小的悬念，以便引起读者的兴趣。但是从英文写作对连贯的要求来看，第二个自然段的主题是“集中驻训”，下划线这句就成为与段落主题不相关的内容，是不该出现在这里的。译者将这一句的位置调整到第一个自然段的末尾，从而保证了两个自然段内部都是连贯的：

Dawn breaks at 4 a. m. on the prairie. As the first rays of light pierce the gloom, the sound of running footsteps breaks the silence. Armed soldiers are on a daily long-range raid drill. They run 10 to 20 kilometers on average, sometimes up to 50 kilometers, to develop their stamina and willpower. They are the elite Special Forces of the Chinese People's Liberation Army (PLA).

From April to August, the Beijing Military Command conducted

① 艾艳松. 特战比武打擂台［J］. Competitions Test Hidden Reserves of Scouts. Han Miao (tr.). 中国军队, 2011 (3): 78—81。

"Iron Fist 2011" — the biggest ever military exercise in the history of the PLA scouts — involving more than 3, 000 Special Forces scouts at Inner Mongolia's Jurh integrated tactical training base.

（四）综合调整语篇构成以重构译文连贯

按英语的思路和习惯重构译文语篇的整体连贯是一种综合操作，需要在语篇层面做出全局性的调整。

上文已谈到，读者认同某文本的连贯性是顺利完成阅读的前提，而对连贯与否的判断却与读者的社会文化背景、认知心理模式、语篇与语境的关系等语言外因素存在密切关联。在有些情况下，外宣文本不易得到目标读者的认同，恰恰是因为在这一点上思考不够到位，然后暴露在了文本之中。

2011 年第 3 期《中国军队》上刊登的《当兵的是咱自家人》[①]就是因社会文化背景差异而不易在目标受众心目中达成连贯的一个例子（参见第四章第一节第一部分。全文及分析见附录 2）。为了解决这个问题，这篇文章的译者颇动了些脑筋，进行了大幅度文本重组。

重组从重新确定"起框定作用的角度"开始：为了顺应英语受众的价值观以及他们对军队职能的理解，译者首先将原文中用来表现部队和驻地群众关系的"家"的隐喻改换为"邻里"的隐喻。为此，文章标题被更换为 the Army as Neighbors（像邻居一样的部队），三个小标题分别更换为 Working Together（共同努力），Winning Hearts（赢得人心）和 Communal Duties（社区责任）。叙事文本的组织角度发生了变化，这是一种全局性的调整；

在微观层面，译者改动了叙事视角，将原文不断变换的视角统一为第三人称外视角，以期符合西方新闻报道的"体裁和常规"；同

---

① 卢东方. 当兵的是咱自家人［J］. The Army as Neighbors. Yao Yuan（tr.）. 中国军队，2011（3）：100—105。

样出于符合“体裁和常规”的考虑，译者降低了原文的故事性，还将原文中很多抒情性质的语句进行了降调处理，删去过多的抒情文字，使之读起来更像是一篇客观的报道；最后，译者将各小节的内容也进行了重组，其中做得比较成功的是第一个小节。

然而，尽管译者重组文本时做出了大幅度的调整和适应，由于该“原文”在宣传材料选择方面的局限，译者依然无法保证目标读者会认同该宣传文本的连贯性，附录2中有详尽分析。

像这样需要对语篇进行全文调整以重构译文连贯的情况，在外宣实践中并不罕见；而且即使做出了调整也无法完全达到连贯的情况，在外宣实践中也不罕见。这是因为，有某些内容本来就不适于用来对外宣传。对不适文本怎么处理，第五章将有讨论（参见第五章第一节第一部分）。

当前在我国谈翻译，很多人脱口而出翻译就是“信达雅”。然而，如果追问什么叫“信”？“达”和“雅”又分别指什么？估计就很少有人能给出明确答案了。现下有很多翻译教材采纳并讲授的翻译标准是“忠实、通顺”，大致对应于“信”和“达”，至于“雅”的标准是否需要遵从，首先取决于原文是不是“雅”。问题在于，“忠实”依然是一个含糊的概念：是指译文应当忠实于原文每一个词句的表达，还是指译文应当忠实于原文所要达成的交际意图？在外宣领域，“忠实”的对象显然应该是后者。换言之，对原文的文字表达进行调整，完全是合理的操作。

固然，从广义上说，中国每一个公民都可能有机会进行对外宣传，但是从狭义上说，外宣文本的撰写及翻译都是专业性很强的工作，各自需要专职性的人才，更需要撰写者和翻译者的良好合作。相较于汉语单语思维背景的外宣文本撰写者，译者更熟悉目标读者的思维习惯与认知背景，更清楚目标语的写作规范和修辞习惯。充分信任译者，给译者足够的授权来综合调整外宣文本，甚至授权译者完成外宣文本的重新建构，才真正有助于宣传目的的实现，有助于中国和中国军队国际形象的建构。译者从跨语言、跨文化的视角出发，还可能提出一些更为全局性的建议，下一章将有进一步探讨。身为外宣叙事接力者的译者，对于外宣的成败起着重要作用。

第五章 从外宣翻译流程入手优化国际形象建构

当今时代，“一桌、一笔、一词典”的传统翻译模式已远远无法满足社会生活对翻译的质量和速度的要求，翻译活动已被当作“项目”① 进行经营和管理，在计算机辅助技术的帮助下完成。在所需翻译的文本围绕同一主题、内容彼此关联的情况下，应用计算机辅助技术以及项目管理模式，越发能够凸显效益。

将翻译工作当成一个个项目来处理和管理，这样的思路及工作模式对外宣工作及外宣研究都有很大帮助。从外宣译者的角度来说，借助计算机辅助翻译软件并在翻译项目管理的模式下工作，译者本人或所在团队以前翻译过的文本就能变成一种“资源”（resource）甚至“资产”（asset），妥加利用的话，能为当前的翻译工作提供极大的便利。②

翻译项目管理这一工作模式明确划分“译前”、“译中”和“译

① 项目（project），指“为了创造独特的产品、服务或结果而进行的一种临时性的工作（PMI，2008：34）。项目往往有特定的目标和特定的委托人，有明确的开始和结束日期，规定了时间成本和费用成本。可以看出，大规模的翻译活动符合项目的基本特征。

② 例如从前期积累的翻译记忆库中可以搜索出可供借鉴的译文；在文本内容非常接近的情况下，甚至记忆库中直接可以找到部分以前翻译过的句子，软件可以直接调出译文，无需再译，从而减轻译者当下的工作量；而前期积累的术语库也能减少译者查找相应规范表述所需要的时间。

后”三个环节，每个环节都有明确的任务分工，[①] 这为外宣翻译研究提供了一种新的思考角度。借助“译前”、“译中”和“译后”划分，以时间为轴来研究外宣翻译工作，便于系统分析把军事外宣文本从汉语转换[②]成其他语言时，必须考虑到位哪些范畴和因素。[③]

上文指出，更精当地表述外宣译者的身份，译者应该是“叙事接力者”。外宣译者归根结底是叙事者。在目标受众发生变化之后，译者必须首先了解、分析目标读者的各方面特点，然后调整外宣文本的叙事方式，其目的是建构出目标读者易于接受且乐于接受的文本，让受众在不知不觉中接受叙事者的观点立场。外宣文本的建构必须服务于建构中国和中国军队的良好国际形象这一宏大议题。

本章就从外宣翻译的流程入手，讨论译者在建构外宣文本的各个环节中需要思考什么、操作什么、怎样操作，同时归纳出一份外宣翻译的“标准作业程序”，[④] 为译者提供思维参照和原则指导。

---

① 在翻译项目管理的有关探讨中，译前阶段的工作主要由项目经理完成，包括承接原文、分析原文、原文格式处理、准备背景材料、明确翻译标准、明确其他具体要求（如使用哪本专业字典，排版时的页边距、行距、字体、字号等）、组织团队、分配任务等，如果时间允许，译者在该阶段的主要工作是熟悉原文及项目经理下发的一系列有关背景文件；在译中阶段，译者的工作是按计划、按要求完成翻译任务，如有问题及时反馈给项目经理；项目经理的工作是收集译者发现的问题并与客户实时沟通，监管工作进度，组织人员进行审校和质量检查，并及时向译者反馈有关信息。在翻译项目管理的工作模式中，审校是和翻译基本同步完成的；在译后阶段，项目经理的工作不仅包括组织最终校对和排版、提交译文等传统环节，而且包括收集客户反馈、更新语言资产（主要包括翻译风格规范、记忆库和术语库）、优化管理模式和译者队伍等，目的是为以后更好地完成翻译任务做好准备。

② “转换”包括传统上所理解的翻译（即以直译为主），也包括其他一些语言和内容等方面的操作。

③ 本章借用了翻译项目管理的思路和术语，但研究的内容是全新的。

④ “标准作业程序”（SOP，Standard Operation Procedure）就是将某一事件的标准操作步骤和要求以统一的格式描述出来，用来指导和规范日常工作。制定标准作业程序，目的是保证某个岗位上的任何一个人，经合格培训后都能很快胜任该岗位。（http：//baike. baidu. com/view/414917. htm［2013－04－27］）因此，制定者会尽可能精细地分析事情的操作步骤和流程，以便形成一个动态而平衡的体系。

第一节 译前处理：文本分析与语境分析

译前处理是极其重要的环节。俗话说“凡事预则立”，译前处理阶段就是为了起到“预”的作用。更具体地说，译前阶段的首要任务是明确翻译标准。

随着社会和经济全球化进程的深化，也随着翻译研究的深入，人们已经认识到“信达雅”等传统翻译标准的局限，认识到一刀切地采用同一个翻译标准来要求不同类型的文本，既不合理，也不现实。对于翻译而言，“有条件即有标准”，“条件明确则标准明确”（杨晓荣，2005：158）。译者需要根据原作的性质内容、翻译目的、读者因素、翻译活动发生的背景等因素，具体分析和判断当下翻译任务的各种“条件”，然后才有可能确定对待此特定文本时应当采用什么样的翻译标准。

外宣内容多样、形式多样。从军事外宣的角度看，发布国防白皮书、召开新闻发布会、进行日常报道、举办文艺演出、联合军演、与外军官兵面对面交流等，都是在进行军事外宣；中国军队官兵执行涉外任务时表现优秀素质、彰显良好形象，更是对外宣传的直接手段。在不同的情况中，需要进行语言转换的文本类型是不同的，具体的使用场合及宣传对象也是不同的，不可能、也不应该一刀切地采用同一种标准来对语言转换进行要求。每一次面对具体的待“译”文本，译者都必须综合分析应该采用什么标准，又可以采取什么处理手段。

外宣的渠道和手段多种多样，相应的，外宣的材料类型也多种多样。为了保证针对性，本章只讨论文字材料——即外宣文本——的处理。本章讨论的文字材料主要指以完整语篇形式出现的材料，其使用场合可能是报纸杂志等平面媒体，也可能是网页等新媒体。国防部发言人的讲话虽然是以口头形式发布的，但其语言表述的严密程度和正式程度都与书面语趋同，因此也包括在本章的讨论范畴之内。另外，虽然每次新闻发布会所谈论的话题都不是单一的，但可以认为就每一个单一话题而言，发言人的语言组织可以单独作为一个语篇来进行分析。

译前阶段最重要的工作就是，明确分析待译文本，尤其是要明确分析宣传者意图及文本的使用语境，以此为基础，确定应该采用什么标准来翻译该待译外宣文本。在着手翻译每一篇外宣文本之前都必须经过这一道程序。如果经分析认为需要针对目标读者调整文本，那么译前阶段就需要明确调整的内容、依据及尺度，还要明确如何进行调整。

分析宣传者意图，是为了保证外宣文本的“译文”能够达到宣传者想要达到的目的，即“忠实于”原文本意欲达到的宣传效果，或曰建构效果。外宣工作者应当明确认识到：原文文本之所以采用某种表述方式，或遵循某些表达习惯，核心是为了实现文本的目的。文本目的是核心，其重要性超出文本的表述方式及习惯。译文文本必须着力于实现原文文本的目的，由于原文文本的撰写者未必清楚目标受众所习惯、所欣赏的表述方式，也未必清楚怎样才能打动目标受众来取得预期的宣传效果，外宣译者必须承担好这部分的工作。

分析宣传者意图要从宏观和微观两个方面入手。

宏观层面的宣传意图分析包括分析整个篇章的宣传目的，以尽力保证在“译文”中实现该目的。2011 年第 1 期《中国军队》刊登有《中国人民解放军军事医学科学院 60 周年院庆公告》[①]，汉语文本 430 字，英语文本 157 词。以第三自然段为例（英语文本不是汉语文本的译文，但存在一定的对应关系）：

> 六十年春华秋实，六十载砥砺奋进。六十周年院庆既是军事医学科学院回顾历史、展示成就的重要时机，更是二次腾飞、

① 中国人民解放军军事医学科学院 60 周年院庆公告［J］. Announcement: 60th Anniversary of the Academy of Military Medical Sciences of PLA. Yao Yuan（tr.）. 中国军队，2011（1）：61.

再创辉煌的全新起点，在2011年首都北京的金秋时节，我们将举办建院六十周年庆祝活动，诚邀各级领导、海内外院友、军内外同道以及关心、支持我院建设的各界友人届时拨冗莅临，共叙情谊、共谋发展、共绘蓝图、共襄盛会！

The 60th anniversary celebrations are slated for October 2011 in Beijing. All friends, alumni and colleagues are welcome at this grand event.

这是篇公告，文本目的非常明确，就是要起到广而告之，兼及提出邀请的目的。“译文”符合英语公告的语体特点，保留了时间、地点、事件这些核心信息，能有效实现原文的宣传目的。

微观层面的宣传意图分析包括分析原文的字词组织方式并在译文中作出相应的取舍。例如《中国军队》2011年第3期上宣传军事医学院的那则文本开头的那4个自然段（参见第四章第一节）。作者如此安排文字，目的是为了让文章能有一个自然的导入，而且读起来有些文采，而不在于介绍军事医学院院落内的图书馆、操场、人行道、小公园等设施——这些设施毕竟是一般单位大院里都有的，本身不具备特性，而且也不是宣传者想要突出或强调的内容。因此，在意图分析的基础上，译者必须保证该部分的译文的总体功能，即起到自然导入的作用，同时保证译文具有一定的文采，但却未必需要保留原文提到的每一个细节。

译前处理的第二项重要内容是分析使用语境。分析使用语境指具体分析某次特定外宣活动的发生语境。语境分析的具体内容主要包括：

1. 全面了解此次外宣事件的发生背景、主题和目的。

2. 了解上级统一的宣传口径。

3. 预判目标受众的情况——谁可能感兴趣、他们平时的阅读习惯和思维习惯是什么、他们对所宣传事件可能持有的立场态度及信息需求是什么，等等。

4. 分析外宣文本本身的一些特点。例如出现的场合与形式——是以书面文本的形式出现，还是以新闻发布会等口头表述的形式出现，还是以网页等能够实现与读者互动的形式出现。

结合外宣文本的宣传意图分析和使用语境分析，可以将外宣文本粗分为3组范畴——适合文本与不适文本、政策性文本与非政策性文本、平面文本与立体文本。每一种文本类型都有其特点，各有相应的翻译标准，译文的建构原则和策略也是有所不同的，而且译者所起和能起的作用也有差别。

一、适合文本与不适文本

完整的外宣行为包括多个环节。书写军事外宣材料、翻译、发布，这三个环节还不能构成一次完整的外宣行为，目标受众的接受环节是外宣行为的另一个重要环节，也是必不可少的环节。

正如并非所有的文本都适合用作新闻宣传的材料一样（肖平，2003），也不是所有的文本都适合外宣的语境。“内外有别”是进行对外宣传的基本共识王振南（2011）。进一步提出了“内外有别”原则下的翻译框架，含四个主要原则，分别是“一个中国原则”、“不冒犯国外群体原则”（指不得在某种程度上批评、指责对方，包括对方的思想意识形态、社会制度、价值观、宗教信仰等）、“了解第一原则”（指必须让国外受众了解我们的地名、机构名、历史文化背景等，否则谈不上得到受众的接受与认同）和“让事实说话原则”。

笔者发现，除“一个中国原则”外，上述另外三项原则都是从为受众着想的角度来谈的。外宣的对象大致是国外、境外的外国人和华人华侨，也包括在中国境内的外国人，军事外宣的对象大抵是同样的人群。但是，外宣这种由国家重要机构发起的行为，不仅要为受众考虑，还应突出“以我为主”的态度，明确“我想要宣传什么”。①

新时期外宣工作的开拓者，曾任中宣部副部长和文化部部长的朱穆之（2008：8）指出：外宣工作要做到“知己知彼，以我为主；有的放矢，放矢中的”。所谓“知己”，要清楚自己想让对方知道什么；所谓“知彼”，要清楚对方最想知道我们的什么；所谓“有的”，指要明确这一次具体的外宣任务要实现什么目标。所有的努力都是为了“中的”，即达到既定的宣传目标。

综上所述，判断某文本是否适合军事外宣主要取决于两个要素：第一，是否为我方需要让国外受众了解的内容；第二，是否为国外受众希望了解的内容。

近年来，随着我国综合实力的稳步提升，国际受众了解中国的欲望日益强烈。要想分辨国外受众希望了解中国和中国军队哪些方面的信息，关注、跟踪国外主流媒体的相应报道基本上就可以了。要总结国外受众可能希望了解哪些信息，然后积极做出预判，主动进行对外宣传，争取牢牢把握住话语的主动权，积极发出中国的声音。

对第一个要素进行判断，首先是所有外宣工作者的职责范围。以武直—10 为例。在 2011 年 11 月 11 日参加珠海航展首次正式亮相之前，武直—10 的研发历史、负责单位、所用配件，乃至乘员人数、载重量、最高速度、转场距离、爬升率等性能参数有没有保密方面的要求？可以在多大程度上对外公布？在航展亮相之后，是否依然存在不可对外公布的内容？外宣的口径与分寸必须符合我国我

① 从受众反馈看，历年来的国防白皮书就很好地做到了这一点。以《2008 年中国的国防》为例，有评论曰：中国的“国防白皮书做到了中国能做的最好的情况：披露的都是中国想要披露的信息”（John Hildebrand. 3 Responses to “China's National Defense：“Intricate and Volatile”.（2011-04-01）.［2011-09-11］. http：//blogs. cfr. org/asia/2011/04/01/chinas-national-defense-intricate-and-volatile/）；“中国控制了国际上对其军事现代化程度的感知”，其表现“既强硬又不是太强硬”。（Austin Ramzy. China's National Defense White Paper：How to Look Tough，but not Too Tough.（2011-03-31）.［2011-09-11］. http：//globalspin. blogs. time. com/2011/03/31/chinas-military-white-paper-how-to-look-tough-but-not-too-tough/.）.

军有关部门的统筹安排，一旦超出这个范畴，就是不适文本。[①] 通常情况下，译者是待译文本的最仔细的阅读者，一旦发现不适合的内容，要及时向有关部门反馈。外宣工作的整个运行机制中，也应当有能够实现反馈和沟通的渠道。

另一方面，在判断外宣文本的内容是否为我方需要国外受众所了解的内容时，还需判断该外宣文本的内容及表述方式是否适合国外受众的需求。这样的判断主要得依靠外宣译者，因为在很多情况下，用汉语单语进行思维的外宣工作人员是无法做出准确判断的。军事外宣译者需要综合分析目标受众的文化/历史背景、价值观念、国家利益和立场以及信息需求（参见第四章第一节）。段连城先生曾在《怎样对外介绍中国》中指出，在风俗习惯、生活方式、行为规范等方面国内外受众的差别还是较为浅层的文化差别，而价值观念、审美情趣、思想意识等则是较为深层的文化差别（1993：159）。前者相对容易辨别，而后者则更需要外宣译者关注。

并非所有的文本材料或图片材料都适合用来进行对外宣传，一线的外宣工作者已经具备这样的认识。例如《中国军网》和《中国国防部网站》的中、英文版主页在版面布局和具体播报内容的选择上就存在非常大的区别。但是，从我国当前的实践来看，外宣文本中依然存在一些不适文本，而这样的文本如果不经过合理的处理，无法起到预期的作用。

外宣领域的不适文本在总体叙事框架、叙事角度和选择性采用等方面都可能产生问题，主要包括下列两类：

---

① 在通讯手段发达的今天，经常有人通过“非官方”的途径自发对外公布某些材料，不妨说这在客观上造成了对外宣传播的效果。例如百度百科中名为“武直—10”的“百科名片”中，就引用了不少“军迷”的观察和判断。但因为他们不了解相关的政策，其做法可能会导致泄密等负面效果，给官方的军事外宣造成被动。每一个公民都有责任和义务保守国家秘密，国家也应该加强对全民的保密意识等相关教育，避免无意泄密等情况发生（［2013－08－25］. http：//baike. baidu. com/link？url＝f4Umg8nLvx8vEb3IqhP0xlSDGWo8W8CZz7rYYBUFPD9eNX9tkCX5odylllHtQnJDST7g975J9SyXzd1anhqo5a.）。

（一）文本所强调的价值观不符合外宣语境

第四章已经用江汉刚团长的例子对这一点进行了分析（参见第四章第一节第二部分）。不是说不应当宣传江汉刚，也不是说江汉刚不能代表中国维和军人，而是说应该重新选择相关文章的宣传角度和基调——不要盲目沿用内宣思维强调其“带病坚持工作”，这是很容易引起国外受众诟病甚至反感的，而是要选择一个合适的切入点，例如江团长和所率部队的奉献精神和敬业精神，他们怎样遵守联合国的相关要求，怎样出色地完成了任务，他们的努力给维和驻地人民的生活带来了哪些改变，联合国相关人员给予了什么评价，等等。从当前实践来看，这一类不适文本不在少数，是需要外宣译者高度重视的。

（二）文本对受众的信息需求思考总体欠妥

客观上，很多外宣文本中都存在对受众的信息需求思考欠妥的现象。本节只谈论整体不适合外宣语境的情况，至于大多数文本中或多或少都存在的不适表述，译者是可以进行调整和弥补的（参见第四章第二节第二部分）。

2011 年的《中国军队》杂志，每期第一篇刊登的都是原各大军区司令员或政委所撰写的文章，主要目的是介绍本军区的基本情况。这些文章的内容和结构大致相同：介绍辖区大小、发展历史、当前作为、今后使命等。因为都是中国军队高级领导人的文章，所配的英文都基本上亦步亦趋地进行翻译，只对少数冗余词汇进行了处理，如：

> 新世纪新阶段，着眼有效履行“三个提供，一个发挥”新的历史使命，军区部队坚持不懈地抓好听党指挥，深入学习实践科学发展观，大力培育当代革命军人核心价值观，不断打牢高举旗帜、听党指挥、履行使命的思想政治基础，确保部队坚决听从中央军委和胡主席指挥……（119 字）

Today the Beijing Military Area Command endeavors to fulfill the duties of supporting the consolidation of the Party's ruling position, securing the country's development in a strategically important period, safeguarding national interests, maintaining world peace and promoting common development. It adheres to the Party's leadership and studies the scientific outlook on development. It cultivates vigorously the core values of contemporary soldiers, upholds the ideological and political principles of resolutely following the Party's instructions and fulfilling its missions, and ensures the army is strictly under the command of the CPC Central Military Commission and President Hu Jintao…① (96 词)

在严肃新闻的播报中，在单位里进行政治学习等场合，我们所接触的就是原文的这种表述，尤其是下划线部分，信息密度很大。译者进行了非常忠实的处理，补全了“三个提供、一个发挥”所缩略表达的内容，亦步亦趋地翻译了“抓好、学习、培育、打牢”这四个动词所引导的动宾词组。译文的语法没有任何问题。

问题在于，下划线部分固然提供了大量的信息，可它是不是目标受众希望了解的信息？这一段文本预期实现的宣传目的又可能是什么？

西方一些主流媒体往往炒作，批评中国军队“不透明”、“战略意图不明确”（陈世阳，2010：166）。结合西方媒体的有关报道可以推测，西方受众可能希望了解一些宏观信息，如各部门的职能任务、中国军队当前的作战水平等。2013 年4 月16 日发表了《中国武装力量的多样化运用》专题型国防白皮书，在一定程度上打破了西方某些媒体不负责任的炒作，取得了良好的宣传效果。国外受众当然也可能会有兴趣了解中国军队各部门的主要领导人，了解他们的履历生平，更希望能了解其性格、思路和理念，因为这些带有个性

① 房峰辉．牢记神圣职责，忠诚履行使命［J］．A Sacred Duty and Loyal Service. Zhang Chunxiao（tr.）．中国军队，2011（2）：4—7。

化的因素可能会给他领导的单位带来某些改变。

然而，本例中下划线部分所提供的信息都是有关中国军队政治思想工作的，文章中还有很多其他语句也是如此。新华社军分站主任记者胥金章（2009）说，一些海外研究者比较关注中国军队独特的治军理念和管理方法，如内地人民遇到危难时人民子弟兵挺身而出。但是，中国军队对内开展政治思想工作时采用什么话语方式，似乎不会是国外主流受众的兴趣所在。从2011年《中国军队》所发表的这几篇文章来看，领导人在撰写文章时并没有进行“角色转换”——没有充分考虑目标受众已经发生了变化，没有考虑目标受众的信息需求和阅读期待，而是沿用了平时熟悉的公文风格和对内进行思想教育的风格。这种现象本身是无可厚非的，一则是由于中国的修辞者强调自身言谈的“一致性”，不轻易改变既有措辞、（参见第四章第二节第一部分）；二则是由于术业有专攻，领导人不可能精通每一个领域，外宣领域的话题内容及文体风格等问题，本来就应当有专人负责考虑。

问题在于，由于作者的身份特殊，译者在得不到授权的情况下，必然不敢对原文的文字表述方式进行改动，而是在态度上毕恭毕敬，在语言操作上亦步亦趋。笔者没有做问卷调查去了解受众反馈，但可以估计这几篇文章不会取得良好宣传效果。

如果外宣文本的言语表述只顾反映、表达我们的思维习惯和立场，没有考虑如何才能更好地得到目标受众的接受，这样的文本不适合用来进行对外宣传。当然，传达我们的意识形态，告知我们的做法，是军事外宣的终极目的之一，但也正因为如此，军事外宣工作者就必须“以目的语读者可接受的方式，有效地实现原文作者意识形态意义的传达”（窦卫霖，2011：187）。然而，在很多情况下，如果军事外宣的原文作者没有充分考虑目标受众的接受问题，光靠译者来做处理是不够的。

如果判断某文本材料从总体而言并不适用于军事外宣的语境，译者应当积极与有关负责人沟通，陈述自己的观点和分析，商讨解决和改进的方式。更重要的是：我们的军事外宣工作体系也应当允许甚至鼓励这一反馈机制。军事外宣译者应该可以：

1. 如果待用外宣文本的整体内容与目标受众没有心理上或实际上的关联，① 那么就干脆建议有关部门不要使用这样的材料；

2. 如果是待用文本中只有部分内容可能引起目标受众的兴趣并起到较好的外宣效果，那么就应该建议有关部门只采用这一部分内容而舍弃全文；

3. 如果待用文本的表述总体不易为目标读者所接受，那么就应该建议有关部门授权，使用原文本所提供的素材重新书写外宣文稿。②

在讨论了适合文本与不适文本的区分之后，还应当注意外宣不仅要“内外有别”，还应当逐步做到“外外有别”③。以后我们做外宣，应当靶向明确地针对不同的受众群体采用不同的叙事策略。

某个或某类文本是不是适合用于外宣语境，是一个非常复杂的问题，需要用辩证的观点动态地看待分析，在第六章将会展开更加细致的探讨。

二、适合文本与“复现的故事情节”

外宣是一项整体、长期工程，要形成一定规模的影响，依靠单一的外宣稿件是远远不够的，必须依靠“复现的故事情节”来进行

---

① 传播学的研究指出，传播效果取决于内容与对象之间在实际上和心理上接近的程度（转引自王银泉，2009：12）。

② 2009 年 3 月，南京市正式启动申办 2014 年第二届世界青年奥运会的准备工作。当时，南京市委组织了南京大学、南京师范大学等多所高校的外语老师一起参与翻译申办材料和宣传材料。据南京大学许钧教授回忆，老师们最终说服了市委有关部门，不是进行翻译，而是借助中文准备稿的内容素材，用外语重新写作对外宣传稿，起到了很好的效果。2010 年 2 月国际奥委会投票同意南京获得举办权，与这样的操作方法应该有着不可分割的联系。这一事例可以为军事外宣的工作提供借鉴。

③ “外外有别”指不同的国家语言、文化都有所不同，甚至同一文化内部的不同群体也有各自的特点，欣赏习惯和具体需求也都有所不同。外宣“应当根据不同文化背景下的受众的不同需求”，以便更具有针对性、贴近性和时效性，实现传播效果的最大化（刘雅峰，2009：36）。

累积。在择定适合文本的过程中，译者还应当协助拟定“复现的故事情节”，这个问题如果思考不到位，也许会给外宣工作造成不利。

2014 年，八一建军节到来之际，《环球时报》的一则报道就较能说明问题。德国的政治学者马克赛尔说，他印象中的中国军队有三个形象：一是在抗战中击败日本军队，后来解放了中国；二是救灾；三是和近年的高科技发展联系在一起。[①] 之所以给受众留下了这三个形象，正是“复现的故事情节”在起作用。

由于具有双语的思维背景，而且有能力直接跟踪并掌握第一手的受众反馈情况，军事外宣译者有义务协助有关部门宏观把控“复现的故事情节”问题。

例如，我们的对外报道中经常会不无自豪地提到中国是世界第二大经济体、是最大出口国等，类似报道不断重复，就构成了一种“复现的故事情节”。虽然我们一直强调，即使在政治、经济等领域取得了一定的发展，中国依然是发展中国家，强调中国的文化传统强调和谐，中国不会对世界造成威胁。但是，由于上述“复现的故事情节”在起作用，国外受众得到的印象也许就未必与我们着力描绘的“和平崛起”相一致。美国南加州大学的传播学教授威尔逊曾在名为“全球化时代的公共外交”的座谈会上指出，从历史规律来看，人们一般都会对大国持有批评的态度，“中国的崛起、实力和影响的不断增加，将会越来越多地招致批评、嫉妒、恐惧、缺乏信任。这是所有国家成为富裕大国都要经历的阶段”（赵启正等，2011：90）。英国 48 家集团秘书长麦启安也接着强调：西方媒体现在也频频强化中国是世界第二大经济体、是最大出口国的印象，而这样的说法会带来很大的风险，因为：第一，中国仍然是发展中国家，客观上依然存在一些弱点和不足；第二，在美、欧经济低迷的情况下，如果强调中国拥有 3 万亿美元的美国政府债券，会导致世界对中国的更大的误解（赵启正等，2011：90—91）。这样的善意批评是很有

① 德国专家称解放军有三个形象 包括抗日和救灾［EB/OL］.［2014 - 08 - 02］. military. people. com. cn/n/2014/0801/c1011 - 25387360. html.

道理的，[1] 值得我们反思、借鉴。

那么军事外宣译者应该怎样来为“复现的故事情节”把关呢？

第一，跟踪目标受众对我国发生的事件的反馈。在信息时代，有不少途径可以收集目标受众对某些事件的看法，例如浏览相关论坛，其中不乏理性的声音。

第二，尽可能详尽地了解目标受众的价值判断。由于立场不同，也由于文化、宗教、历史等因素的不同，对于同样一件事情，目标受众的价值判断（在这里“目标受众”是一个笼统概念，在具体的外宣情境下要做具体分析）可能与我们的存在不同，军事领域尤其如此。了解其价值判断，分析其来源，才能做出相对准确的预判，对外宣传工作才能做到有的放矢。

第三，在做好前两点的前提下，判断什么样的“故事情节”最容易得到目标受众的接受，至少要做到不会引起抵触，并有意识提醒有关部门和有关人员在此后的外宣活动中不断重复这样的情节。

三、政策性文本与非政策性文本

本书所说的“政策性文本”指直接阐述、解释中国、中国军队有关政策的文本，并不等同于界定含糊的“政治文本”（political text）或“政治类文本”[2]。政策性文本具有一些鲜明特点。

根据《辞海》（1999）的解释，“政策”指“党和国家为实现一定历史时期的路线和任务而规定的行动准则”。从其定义可知，政策

---

① 另一个例子来自《2010年中国的国防》的国外反馈。《时代》杂志驻京记者奥斯丁·拉姆兹谈到2010年美国国防部长盖茨访华期间，歼—20隐形战机进行了试飞，而中国的国防白皮书根本没有提到该试飞事件，也没有提到航母的研发项目。如果国外了解到中国有一些“新的军事硬件”，而白皮书这样的正式文件中却没有提及，比较容易导致疑虑与不信任。（Ramzy，Austin. China's National Defense White Paper：How to Look Tough，but Not Too Tough. ［EB/OL］.（2011－03－31）［2011－09－11］）.

② Baker，Mona. Translating Political Texts：Textual and Paratextural Strategies o Renarration ［EB/OL］. ［2012－05－01］. http：//www. tracor. ufsc. br/seminario/uploads/texto/texto_ translating-political-text-brazil－2011－slide_ 2011_ 06_ 11_ 11_ 54_ 55. pdf.

有关国家、军队一段时间之内的重大决策和部署，表达我们的思路和方向。因此，政策性文本及其译文必然有真实的受众。一般说来，国外某些政府官员、智囊团成员、专门领域的研究者等人，都会主动阅读中国政策性文本的译文，而且这些受众会主动寻求优质译文，甚至有可能自己组织人力进行翻译。政策性文本无需像新闻类稿件一样去"吸引"受众，例如兰德公司就曾专门组织队伍研读中国的军事条令，并就此撰写报告，讨论美国应当如何应对等问题，① 再如卡内基国际和平基金会撰写的《2013 年中国军事和美日同盟战略净评估报告》，从《中国》一章可见，报告的撰写者非常了解中国领导人在多种场合的表达以及中国的一些学术著作（如军事科学院 2001 年出版的《战略学》）等等，以此作为对中国未来战略的评估素材。政策性文本既有的受众不仅希望获知有关文本的内容，而且希望其译文尽可能准确，以免造成误判。这是政策性文本的第一个特点。

政策性文本的第二个特点是：政治性强，体现国家、军队的路线方针政策，关涉国家的政治、安全、军事等重大利益，敏感度高。正因如此，政策性文本的语言表述（包括措辞的分寸、语气、甚至语序等）都不得不经过异常严密的推敲。② 政策性文本措辞及逻辑严密、语篇的组织严密，甚至话语方式本身就表达了说话者的态度立场。

正是因为上述两个特点，在翻译政策性文本时，在绝大多数情况下译者只能紧贴原文进行直译，几乎没有进行灵活操作的空间。为了阐述这一观点，我们先来看一个例子：

学者曾利沙曾以 2002 年的《国防白皮书》为分析原本，指出其

---

① Cliff, Roger. China's Military Modernization and the Cross-Strait Balance. A Testimony Presented before the U. S. -China Economic and Security Review Commission on September 15, 2005. [EB/OL]. [2013 - 12 - 11]. www. rand. org.

② 参与国防白皮书撰写工作的相关人员透露，2006 年的白皮书不到 3 万字，其书写却耗时半年，每一个字都经过反复的推敲和斟酌。

存在“逐字对译、拖沓冗长”等问题，认为这些问题阻碍了译文很好地实现宣传目的（2005：5）。曾利沙认为外宣翻译应当遵循“经济简明原则”，并就白皮书的部分译文提出了具体的修改意见（2005：8），如：

原文：人民解放军按照政治合格、军事过硬、作风优良、纪律严明、保障有力的总要求（a），紧紧围绕打得赢、不变质两个历史性课题（b），加强全面建设（c），努力建设成一支革命化、现代化、正规化的人民军队（d）。

《国防白皮书》官方译文：In compliance with the general requirements of being qualified politically and competent militarily and having a fine style of work, strict discipline and adequate logistic support（a）, and focusing on the two historic tasks of being winning and never degenerating（b）, the PLA strives to strengthen its overall development（c）, and form a revolutionary, modernized and regularized people's army（d）（56 词）.

曾利沙译文：With the overall demand for developing a fine style of being politically qualified, militarily competent, strictly disciplined and logistically adequate（a）, the PLA aims at building itself into a modernized and regularized army（d）, capable of winning and never degenerating（b）（37 词）.

分析原文可以发现，除了“历史性课题”中的“历史性”三个字是起强调作用、省略后不影响总体意义的表达以外，其他表达都不构成冗余信息，都不可以删除。尤其需要注意的是，下划线部分“政治合格”等20个字是江泽民同志1990年在全军军事工作会议讲话中对部队提出的要求。这五个短语是并列结构，各自涵盖了中国军队建设的一个方面，从表达效果看，添一字则多、减一字则少。

为了便于分析，笔者将原文的各个意群编号，以a，b，c，d表示，译文的相应部分采用同样的编号。原文中a和b是状语，c是主句，d是最终目标。官方译文跟随了原文的语序和语法结构，但是将d处理成和c并列的谓语结构。曾译少用19个词，长度是官方译文的2/3左右，确实表述简明，极大地减少了阅读所需花费的努力。但是，进一步的分析发现，曾译存在非常严重的错误。

笔者推测，曾利沙教授认为c所表达的内容就是d，因此将c略去不译；原文中a和b并置，二者得到了相同程度的强调，而曾译则将b处理成定语结构，后置，于是其强调程度被减弱。以上两个错误并不严重，该译文的严重错误是，将江泽民同志的20字要求翻译错了：曾译将“作风优良”提出来修饰其他四个短语，曲解了原文，构成重大误译。

事实上，曾教授对“作风”一词进行了较长篇幅的评析（2005：8），可以得知他的态度是认真诚恳的，但最终结果是，他仍然做出了错误的译文。笔者认为这是曾教授对中国军队各项工作的理解不深所致：他并不知道在军队中“作风”确实是和“政治、军事、纪律、保障”相并列的具体领域。这实际上也提供了一个反面例证，证明军事外宣工作有自身的特征，必须有专职的、专业的译者队伍。

政策性文本宣传的是我们中国和中国军队的思路、政策和行为。这里所说的“思路”也应当包括思维推进的方式。思维的推进，落实到文本上，就体现在语篇的推进方式上，而语篇的推进往往取决于主位推进方式（thematic progression）。

“主位”是信息的出发点，是句子组合的基础，而述位则是句子的剩余部分，是对主位的说明。一般来说，主位包含已知信息，通常位于句首，而述位则是未知信息或新信息，是对已知信息的补充和说明（转引自袁振兴，2011：101）。随着文本一句一句展开，曾经的未知信息就逐渐转化成已知信息。主位在语义上彼此关联，主位和述位的变化，主位的选择和排列，就形成了语篇的信息结构。随着新信息不断变成已知信息，整个语篇就此往前推进。主位、述位的推进构成主位推进模式。因此，主位的选择往往对语篇的组织具有重要影响，思维的推进方式与措辞、与语言的组织密切相关，“句子的结构形式直接反映了作者的思维形式”（刘士聪、余东，2000：61）。

因为政策性文本不仅要告诉世界中国人在做什么、想什么，还要告诉世界中国人为什么这么想，那么，语篇的推进方式也应当是政策性文本对外宣传的重要组成部分。福柯认为，世界上没有一般的陈述，也没有自由的、中性的和独立的陈述，陈述有助于实现或阻碍实现某种欲望，顺从或者违背某些利益。“任何陈述都有它产生的具体语境和话语体系，都受制于具体的权利—欲望—利益的网络”（1998：124）。新华社高级编辑王平兴（2007）曾指出：对外新闻一般都是改写或编译，但某些重要文件则“必须全文翻译”。

基于以上认识，我们认为政策性文本在对外翻译时，只能是总体上直译。政策性文本的译者必须了解政策背景、吃透原文含义、严格把握语言表述的分寸问题，领会并尽可能再现原文文本的思路推进方法。

政策性文本的翻译原则是：**适当坚持差异性原则、尽可能直译，必要时做适当调整**。

所谓坚持差异性原则，是指在思维的推进方式和语言的具体表述等方面体现出“中国特色”，体现出中国不同于他国的地方。我们强调“中国特色社会主义”，这就说明中国有一些思路和做法是世界上独一无二的，如果英译外宣文本的语言表述及逻辑推进和英语国家的官方话语趋同，抹去了独属于我们的痕迹，那是无法说明“中国特色”的。

例如，中文撰写者的思路往往是先交代事件背景，然后再点出最近发生的事件，或者陈述结论或观点。这样的思维模式体现在各不同文体中，包括新闻，也包括《国防白皮书》。在翻译新闻类稿件时，也许可以按照英语的“先新闻后背景”的模式进行调整（陈彩云、王海，2011：67），但在翻译白皮书等政策性文本时则不然，因为政策性文本属官方话语，是“国家领导人、官方文献或官方发言人发表的正式观点”（窦卫霖，2011：45），译者有义务传达原文文本中体现出的思维方式和思维特点。

所谓适当坚持差异性原则，指以保留中国思维特点和社会、文化特点为前提，同时话语的表述方式要让目标受众能听懂，而且愿意听。只顾自己说，不管听众反应的做法是不明智的。翻译政策类外宣文本时，原文中政策性的词汇表达及文章的思路推进方式要尽可能不做改动。但是，这并不是说译者不可以进行调整。现有的一些研究指出，译者对文字进行微调是非常有必要的，例如删除范畴词等冗余词汇、使用同义、近义词以提高词汇的变化程度（王伟伟，2012）、灵活使用关联词并增加其使用频率（陈文，2012）等，这些微调手段能够保证译文更为流畅。同样，在译文句法的选择方面，也可以借鉴英语书写的政治类文本，如适当使用被动语态和一般将来时，适当运用情态动词等。①

外宣译者面对政策性文本的态度以及处理政策性文本的原则，都应当与非政策性文本区别对待。非政策性文本的处理方法要灵活许多，在外宣语境下，最常见的非政策性文本是新闻。

新闻是对所发生事件的报道。尽管所有的新闻机构都强调“客观”是其宗旨与归依，但是新闻报道也是叙事，既然是叙事就不可能完全中立客观，第二章有关叙事的理论陈述中就已经指出了这一点。“媒体的主要功能是向受众传达信息和符号，使受众融入到社会结构中”，尤其是让受众在潜移默化中接受能支持该社会主要利益的观点（Herman and Chomsky，1989，转引自张晓菲，2006：24）。新闻稿件的作者总是会引导读者去达成自己所期望的理解。

新闻又分为“硬新闻”（hard news）和“软新闻”（soft news）

① 英语撰写的政治类文本的语体风格是：1. 大约有24%的句子使用被动语态；2. 文本中形容词、副词和动名词的总量约占30%；3. 起作用的情态动词约占16%；4. 约有16.5%的句子使用一般将来时（Subbotina，2012）。

两大类，二者的主要区分如下表：

表 5—1　硬新闻和软新闻①

	硬新闻	软新闻
界定	题材较为严肃，着重于思想性、指导性和知识性的政治、经济、科技新闻。	人情味较浓的社会新闻
特点	时效性、客观、公正； 新闻报道中表达、措辞的细微差别往往反映了立场、观点、态度。	写作动机强调调动读者阅读兴趣；表现手法强调轻松活泼入情
结构	多用倒金字塔结构，由标题、导语、正文三部分组成。	相对自由

硬新闻和软新闻并非泾渭分明，但可以依据是否有具体的新闻事件这一点来做一个大体的划分。例如 2008 年汶川地震，中央派遣部队第一时间赶赴灾区展开救援工作。报道部队番号、抵达灾区时间、所配工具、抢救出多少伤员等内容的，属硬新闻范畴；报道某战士如何不顾自己的安危奋力抢救伤员等内容的，属软新闻范畴。

“硬新闻体现了在语言的外壳下起作用的社会化的意识形态”。硬新闻的语言表述中隐含了社会化的意识形态，这种意识形态来自官方，体现了该国占统治地位的意识形态。“硬新闻报道或直接或间接地影响人们的思维，对人们的态度和意识的形成具有重要作用”（张晓菲，2006：ii）。

由上述文本分析可见，硬新闻是介于政策性文本和软新闻之间

① 据张健（2004：34—37）整理。“倒金字塔结构”以重要性递减的顺序安排新闻中的各项事实。最重要的信息往往都在导语中概括陈述。由于这种结构有悖于事情的正常发生顺序，容易导致表述缺乏“悬念”，引起读者乏味，所以不太适合软新闻。

的文体；而语境分析的结果表明，硬新闻是明确为官方意识形态服务的文体。有鉴于此，硬新闻类的对外宣传稿，在传播什么信息方面，即宣传材料的选择方面，判断的依据是希望达到什么样的宣传效果；在文字表述和篇章形式方面，则不妨为了更好地达到交流目的，“以受众为主”，贴近目标受众的接受习惯。

具体说来，**硬新闻的翻译策略是：酌情采用西方受众所熟悉的倒金字塔结构，译文结构和句型应符合译入语习惯，但词汇的表述要拿捏到位，措辞必须明确表达中方立场**。

从当前的国际传播发展来看，尽管硬新闻不可取代，但软新闻的重要性和价值正越来越得到彰显，“诉诸人性、潜移默化的隐性手法和技巧更受到推崇”。我国长期以来的外宣工作面向其他国家的政府，“内容以政治新闻为主，方式以显性宣传为主”，唐俊建议采纳针对他国民众的、以软性社会新闻和文化新闻为主的外宣模式，以便吸引更多的外国民众认识和了解中国，从而在潜移默化中传播我们的理念和观点（唐俊，2008：99—100）。

软新闻意在以充满人情味的笔触唤起读者的共情和友好态度，在当今国际传播中占据了越来越重要的地位。从新闻所播报的内容，以及新闻的播报方式两个方面，都可以看到这种变化趋势。观察国内的情况就可以发现，像中央电视台这样的政府喉舌，在新闻联播这样的正式节目中，在播报一些相对轻松的内容的时候，主播的语言风格也日趋活泼。而陈鲁豫在《凤凰早班车》所开创的“说新闻”的风格，也早已得到广大受众的认可和喜爱，甚至引领了新的风尚。“纯新闻向泛新闻的转换，是一个重要的发展走向”（唐俊，2008：99—100）。

软新闻的对外传播，意在尽最大可能地吸引受众，而软新闻所传播的内容，本来就诉诸人情和人性。因此，软新闻大多宜采用编译策略。

软新闻的翻译原则是：**深入了解受众心理，通过改写、编译等手段进行传播，动用受众喜闻乐见的语言进行表述**。

第四章在修辞和连贯两个层面所提到的7个不同方面的问题及解决建议，对于软新闻这一类题材的文本是最为合宜的。本章“译中操作”一节还将有具体分析（参见第五章第二节）。

四、平面文本与立体文本

“平面文本”指在平面物质空间中展示的、没有隐含或附加信息的，能被人的单一感官直接感受到的文本，[①] 本书用以指代报纸、杂志、图书等平面媒体上所刊印的、主要诉诸阅读的那一类外宣材料。“立体文本”指用超链接技术把文字、图片、照片、声音、动画、影视片断等组织起来的、反映某信息系统的文本。[②] 本书对立体文本的讨论主要集中于官方机构的网页，如中国军网和国防部网站的英文版。

立体文本以平面文本为基础，配上图片、动画、音频、视频等内容，是文字外宣材料的拓展。立体文本宣传的形式更为多样，可以容纳的信息更多，从理论上说能达到的效果也应该更好。

在研究数字技术所带来的传播变革时，奥黑根（Minako O'Hagan）和阿什沃思（David Ashworth）提出一个新术语，即“以翻译为媒介的传播”（Translation-mediated Communication，TMC），例如网站。他们将网站的组成要素分为“内容”（content）和“外在”（package）两个组成部分。“内容”是指欲传播信息的文字组织和语言结构，“外在”则指传达内容的非文本因素，以及承载文本的媒介，包括主页的设计、布局、字体、色彩搭配、图标设计、按钮位置等细节（2002：67）。两位学者认为，提出“以翻译为媒介的传播”的目的，就在于凸显这样的现实：在全球化时代进行跨语言传播时，为了更好地实现传播目的，“内容”和“外在”都需要根据目标受众而做出改变。

---

① baike. baidu. com/view/135272. htm. ［2013－08－08］.

② baike. baidu. com/view/156838. htm. ［2013－08－08］.

外宣语境下，立体文本中“内容”的处理原则和策略与同类型的平面文本是一致的，但同时也必须考虑“外在”的相应处理。关于文本的处理可以参照第五章第二节。

戴静（2012）曾研究出版社网页的本地化在“外在”方面当前存在的问题，她所指出的不少问题在军事外宣的一些主要网页上同样存在，其中尤其重要的是以下两点：

1. 按钮位置不符合西方受众的习惯

例如，搜索条是网页中一个非常重要的工具，不仅能为读者带来便利，而且有利于推广本网站所刊载的内容。国外一些主要网站的搜索条都放在非常醒目的位置，如在网页的最上方。我国的一些网站则不然，往往需要读者比较费力地寻找搜索条，中国军网的英文版页面上甚至找不到搜索条。① 换言之，身为对外宣传方，却没有积极采用多种手段来鼓励甚至吸引读者，这是不明智的。

2. 图片或视频等材料不能有效达成预期的宣传目的

有关图片选择问题，下面的例子比较能说明问题。2011 年 8 月 2 日中国国防部网站（英文版）的图片新闻中，有一则杭州某军营以举办集体婚礼的形式庆祝建军 84 周年的报道，共有四张照片。第一张的画面是“吃苹果”：一位战士身着军装站在一侧，手提红线，红线下拴了一个苹果，而身着军礼服的新郎和身着婚纱的新娘面对面相拥站立，都在努力去咬苹果。照片上显示出三位拿苹果的战士和两对新人；第二张照片上是一对新人和一只咬了一口的苹果，新郎正扭脸看镜头，满脸幸福；② 第三张照片上一对新人双手相执共同签名；第四张则是所有的新郎新娘列队站在营区前。

笔者推测发表这则图片新闻的目的，应该是为了表达军营生活多姿多彩，为了展现部队对军人的全面关怀。既然是围绕着中国军队官兵生活所做的宣传，最终目的当然是为了展现中国军人和中国

---

① http：//english. chinamil. com. cn，观察截止日期在 2014 年 8 月 1 日。

② Group Wedding Held for Soldiers to Celebrate Founding of PLA ［EB/OL］.（2011－08－02）.［2013－08－08］. eng. mod. gov. cn/Photos/2011－08/02/content_ 4287224. htm.

军队的良好形象。

然而，这一则新闻所选择的图片恰恰不能保证实现这几个层次的宣传意图，因为其中涉及到了概念和习俗的差异（参见第四章第一节第一部分）。一般的国外受众并不了解汉族的传统婚礼民俗。在汉族传统的婚俗中当然不乏庄重和神圣的场面，如拜天地和拜父母，但吃苹果却是婚礼的最后环节——闹洞房——的一个游戏。据考证，闹洞房目的是通过嬉闹来帮助素未谋面的新人打消羞怯和隔阂，从而开始正常的婚姻生活。嬉闹是这个环节的主题。“吃苹果”这个游戏中，提苹果者要千方百计不让新人咬到苹果，还要千方百计让新人小小地出丑。在传统婚礼中，哪些人可以去闹洞房，是有默认的规矩的，不是所有的宾客都有“资格”去，而且闹洞房环节的各种游戏也本不宜在大庭广众之下“表演”。不过，汉族受众因为了解这一习俗，见惯不怪，会自然忽视游戏中不雅的成分，只是单纯地觉得场面热闹喜庆。笔者推测这正是编辑采用这组照片的原因之一。

但是编辑没有考虑不熟悉汉族婚俗的受众的反应。在普通的国外受众心目中，婚礼应该是庄重而神圣的，军人的婚礼，而且是身着军礼服的集体婚礼，整体氛围当然更应该庄重与神圣。可是他们在照片上看到的却是嬉闹和捉弄，看不到庄重与祝福。照片下所配的文字说明只是介绍说 newly-married couples play games by eating apples at a group wedding at Hangzhou（新婚夫妇在杭州举办的某集体婚礼上玩吃苹果的游戏），没有提供什么背景信息。由于缺乏相应的“概念”和“习俗”背景，普通的国外受众看了这样的图片以及介绍，未必能像汉语受众一样联想到喜庆与热闹，反而可能感到困惑甚至可笑。这样的照片无助于塑造中国军队良好国际形象这一宏大主题。由于这则新闻的目的应该不是介绍汉族的婚俗，如果所采用的照片都像后两张一样避开概念和习俗差异，就能更好地为外宣目的服务。

视频材料的问题要更复杂一些。要想很好地实现外宣目的，必须针对专门的受众，将视频材料的声响效果（包括背景音乐）、色彩使用和搭配、图片选择、文字安放等各种效果都做到位，拟专文探讨。

以军事外宣为宗旨的一些重要网页还存在一些其他问题。例如国防部网的中文版，点开某新闻链接后会另外打开一个新页面，与主页是两个不同的视窗，浏览起来很方便；而其英文版点击某链接后，会转到新页面，要想回到原先打开的主页必须按“返回”键，[①]如果读者想要在主页上先打开多个感兴趣的页面后再一一阅读，就很不方便了。

相较于“内容”，如需对“外在”进行优化，要思考的范畴更为多维，而且需要多元化的知识体系，不是从文字转换这个单一角度能够囊括的。本研究的主要关注点是“内容”——文本材料——的对外宣传，有关立体文本在此只是略作介绍，更为深入的研究尚有待其他专业背景的研究者加盟。

译前处理是翻译活动非常重要的一环，涉及多方面的具体工作，处理妥善，才能为整个翻译项目的顺利开展做好铺垫。然而，目前在军事外宣活动中，对译前环节的重视程度尚且不够，理论研究和实际操作研究也还没有跟上，本节希望能做引玉之砖。

第二节　译中操作：宏观层面与微观层面

军事外宣译者接到待译文本，经译前阶段的文本分析和语境分析，排除了不适文本，并基本明确了适合文本的翻译原则和主要策略后，就进入了翻译阶段。无论是面对政策性文本等重要文献进行以直译为主的全文翻译，还是面对其他类型的外宣文本采取一些灵活的操作手段，译中阶段的操作具体分为宏观和微观两个层面。

---

① http：//english. chinamil. com. cn，上网时间2014年8月1日。

一、宏观层面的思考与操作

（一）拟好“起框定作用的角度”，做好“选择性采用”

第二章分析指出，叙事者对叙事角度的选择能引导受众对该事件的解读。在掌握的背景材料基本相同的基础上，对同一事件进行报道，记者可以选择不同的角度，并选择不同的材料来为这个角度服务，而角度选择的不同是会带来不同效果的，请看下例：

报道一：

我军首次在高速公路飞机跑道成功试飞第三代战机①

来源：新华社 作者：梅世雄、杨承磊 时间：2014—05—25 16：12：01

新华社郑州5月25日电（梅世雄、杨承磊）包括第三代战机在内的多种机型25日在郑民高速公路飞机跑道试飞，这在我军历史上还是首次。这次试飞活动进一步检验了跑道技战术性能，并形成了高速公路飞机跑道实战化综合保障能力，为提高飞行部队平战时备降应急能力和军地联合保障部队飞行的协同能力奠定了基础。

据了解，这个跑道是目前全国既有高速公路飞机跑道中设施最全、功能最多、性能最好、净空最彻底的一条，平时可作为民航飞机的备用机场，为客货飞机应急起降提供保障，也可用于军用飞机的演习和飞行训练，战时能够用于军用飞机的应急起降，保证我航空兵的持续作战能力。

据济南军区副司令员刘沈扬介绍，这条跑道对于加强中原地区交通网络建设，完善战场建设布局，提高空军部队的作战能力与训练水平，以及保障民用飞机应急使用等，都具有重要意义。

① 梅世雄，杨承磊．我军首次在高速公路飞机跑道成功试飞第三代战机［EB/OL］．［2014－05－26］．http：//news. mod. gov. cn/headlines/2014－05/25/content_ 4511535. htm.

报道二：

我军首次在高速公路起降第三代战机①

来源：解放军报　作者：陈云、记者王卫东

时间：2014—05—26 08：34：54

解放军报郑州5月25日电 陈云、记者王卫东报道：25日上午，伴随着震耳欲聋的轰鸣声，我军包括第三代战机在内的多种机型，首次在郑民高速公路飞机跑道上成功实现起降。这标志着我国国防交通建设向更广范围、更高层次、更深程度又迈进一步。

高速公路飞机跑道是指借用平直、宽阔的道路，作为飞机起降的应急跑道。这条高速公路飞机跑道可以满足三代战机和中小型运输机，在战时或紧急情况下的应急起降。据了解，该跑道按一级甲类标准建设，在全国现有公路飞机跑道中，设施最全、功能最多、道面性能和净空良好。这既是后勤领域军民融合的重大成果，也是军地智慧力量的共同结晶，对于加强战场交通网络建设、增强我军防空作战能力、执行抢险救灾任务等，具有重要现实意义。

副总参谋长孙建国，总后勤部副部长孙黄田，济南军区司令员赵宗岐、政委杜恒岩，河南省省长谢伏瞻，国家有关部委领导，各军区、军兵种以及各省（自治区、直辖市）交通战备系统代表观摩试飞。

两则报道的标题差别不大，正文也都是三个自然段，但是从行文安排的各个细节可以分析出两篇报道各自的“起框定作用的角度”是不一样的。下文还将分析这两则报道是否能够引导读者进行宣传者所预期的解读——即实现记者的报道目的。

这两篇报道有明确的新闻事件，属硬新闻的范畴，其文本架构符合新闻的通常写法，即第一个自然段为导语，先在导语中将全文内容做一简要概括。从行文架构来分析，两则报道的重心（或曰期

① 陈云，王卫东．我军首次在高速公路起降第三代战机［EB/OL］．［2014－05－26］．http：//www. mod. gov. cn/pic/2014－05/26/content_ 4511660. htm.

待能给读者留下印象的内容）应该就是笔者在文中用下划线标注的内容，其措辞反映了叙事者的角度选择。

报道一的第二自然段介绍该跑道本身的性能。本自然段先谈可以用作“民航飞机的备用机场”，然后再谈也可用于“军用飞机的演习和训练”。报道一的第三自然段引用济南军区副司令员对该跑道在四个方面的意义的介绍，分别是：加强中原地区交通网络建设（民用）、完善战场建设布局（军用）、提高空军部队的作战能力与训练水平（军用）、保障民用飞机应急使用（民用）。这四个方面民用、军用穿插，也是民用在先。虽然笔者没能考察刘沈扬副司令员原话中“时间性”的组织如何，但是可以根据叙事学对“时间性”的有关分析来判断，报道一对材料的选择性采用及时间性的安排，引导读者做出如下理解：这次试飞的成功标志着应急能力和保障能力的提高。这就是报道一的角度。

报道二的第二自然段先介绍什么叫高速公路跑道，然后指出该跑道是后勤领域军民融合、军地智慧力量的结晶，其意义在于加强战场交通网络建设（军用）、增强中国军队防空作战能力（军用）、执行抢险救灾任务（军用兼民用）。第三自然段介绍观摩试飞的人员，是我国新闻报道的常见写法，对于报道的角度和主题影响不大，但也可以发现众多军方人员的姓名都得到了列举，而非军方人员中却只报道了河南省省长一个人的姓名，其他人都被概括为“国家有关部委领导”。分析可见，报道二对材料的选择性采用引导读者做出的理解是：这次试飞的成功标志着国防交通建设的深化，这也正是报道二的角度。

要注意：报道一是新华社的报道，而报道二刊登于《解放军报》，两篇报道角度的选择都能很好地为其使用语境服务。

但是，如果是对外报道这一新闻事件，目标读者和使用语境再次发生明确变化。为了不给“中国威胁论”者或其他对中国抱有敌对态度者提供口实，报道二的角度显然不如报道一的角度合适。

接到待译文本后，译者要先明确上级规定的口径（有时未必是对这一事件本身的口径，而是上级对相关事件的总体的、全局性的指导意见)，从而确定选择什么角度、采用什么基调来进行宣传。换言之，译者首先要思考“起框定作用的角度”及对所掌握素材进行“选择性采用”等问题。

在这一方面，译者要发挥积极作用，有不容推卸的责任，因为译者比单语思维背景的外宣工作者更清楚什么样的文本才有可能得到更好的接受。原因如下：第一，身为专业人员的译者更了解目标受众的历史/文化背景、思维方式及阅读习惯；第二，由于工作需要，译者会有意识跟踪目标受众对当前热点事宜的各种态度和反应。译者如果发现待译材料中的某些说法可能带来负面解读，或者不能有效打消可能已然存在的疑虑，应主动与有关工作人员沟通，提出具体可行的建议，帮助拟定措辞策略。其他外宣工作人员也应当认真听取译者的意见。

在国防部网站英文版面上，对在高速公路上进行试飞这一新闻事件的报道如下：

China test flies warplanes on highway strip①

(Source: Xinhua) 2014 - May - 25 21 : 11

ZHENGZHOU, May 25 (Xinhua) -China's air force for the first time test flew warplanes on a highway strip in central China's Henan Province on Sunday.

Flight tests of military aircraft including the third generation of warplanes were held on the Zhengzhou-Minquan highway, according to the military.

The strip is one of the best road runways in China, said Liu Shenyang, deputy chief of the Jinan Military Area Command.

The highway can serve as an alternative airport for civilian airplanes

① China test flies warplanes on highway strip [EB/OL]. [2014 - 05 - 26]. http: //eng. mod. gov. cn/HomePicture/2014 - 05/25/content_ 4511579. htm.

and allows take-offs and landings of cargo planes. It can also be used in exercises and training for military airplanes as well as emergency landings during wartime, he said.

The tests enhanced the air force's capabilities of emergency landing and coordination between military and civilian forces.

第一个自然段是导语，一句话概括陈述事实。第二自然段介绍参加试飞的机型与试飞地点。第三自然段引用济南军区副司令员刘沈扬的话表示该跑道是最好的跑道。第四自然段介绍跑道的功能，分别是民用飞机备用跑道（民用）、货机起降（民用兼军用，没有明确表述）、军用飞机训练（军用）、战时应急起降（军用）。最后一个自然段收尾，陈述本次试飞的意义。

英文报道表明其信息来源是新华社，而其角度选择也确实更接近于上文的报道一，即新华社的报道，但是在时间性上又做了细微调整，意义引述部分也略有差异。英文报道的最后一个自然段应该是重心及目的所在——指出这次试飞的成功标志着空军提高了应急起降的能力，也有助于军民协作。

由于对外新闻报道大多采用编译手段，而不是对中文新闻稿进行全文直译，这就更凸显了译者操作的重要性，或者说，凸显了译者掌握并灵活运用叙事技巧的重要性。外宣翻译切不可照搬国内的宣传语气和行文模式。陈小慰（2011：179）指出，译者有必要了解怎样传递信息阐明事实才容易得到目标读者的接受。针对具体的外宣事件，外宣译者应当首先预判：目标读者会期待什么样的话语方式和话语风格，又会以什么样的价值尺度来判断问题。尽管陈小慰是从修辞的角度来谈的，但他所谈到的内容也都可以从叙事学角度得到很好的解释。要做到有的放矢，外宣译者必须在“选择性采用”（包括待译外宣文本的选择、文本内的材料取舍等内容）和“起框定作用的角度”两方面做出准确判断及操作。

谈到“选择性采用”，在软新闻类材料的编译过程中，译者一定要格外注意“相关性”问题。所谓相关性，是指要让目标受众感到外宣文本所讨论的问题和自己有关（relevant），这样才容易建立心理认同，才能更好地达成宣传效果。之所以专门谈软性外宣材料的“相关性”，是因为谈论政策的政策性文本以及报道新闻事件的硬新闻本身都有足以吸引受众的因素，而软新闻则不然。由于社会制度、文化习俗、生活环境和背景等方面的不同，不同国家、不同地域的受众感兴趣的内容会有所区别，即使是心理上觉得相关的内容，在具体的价值判断和情感倾向方面也会有所区别，如果不加区分，很可能在宣传效果上适得其反。因此，在编译过程中，译者首先要比较具体地定位目标受众，然后注意针对这些受众的价值判断、情感喜好、当前关切、背景信息掌握情况等因素，对材料进行选择、调整等深加工。

（二）分析目标读者的信息需求

译者还需分析、判断目标读者的需求，并据此对待译文本进行适当的增删。目标读者的需求首先指针对具体的某一则新闻，或其他类型的外宣文本，目标读者需要了解哪些信息，又需要了解到什么程度，其次指目标读者具备什么样的背景信息，为了帮助其更准确地了解该外宣文本，是否有必要补充部分背景信息，或者删除部分背景信息。

例如，《解放军报》的新闻稿《2014年全国征兵今起报名 首都高校率先启动》[①] 共6个自然段，第4自然段的内容包括两个方面：一是国防部征兵办公室要求提高高学历青年征集人数；二是高校应届毕业生可以在哪里办理应征入伍。针对目标读者的信息需求，译者在英文编译稿[②]中尽数删去了该自然段；此外，中文报道中有这样一句：“女航天员王亚平向全国大学生发出倡议，号召优秀大学生带头参军入伍，为实现中国梦强军梦努力奋斗”，译文如下：At the

---

① 董强、张彦中．2014年全国征兵今起报名首都高校率先启动［EB/OL］．［2014－06－24］．http：//youth. chinamil. com. cn/view/2014－04/21/content_ 5874732. htm.

② Guo Renjie（ed.）. China starts 2014 military recruitment［EB/OL］．［2014－06－24］. http：//eng. mod. gov. cn/DefenseMobilization/2014－04/21/content_ 4504522. htm.

ceremony, Wang Yaping, China's first female astronaut, called for outstanding students to take the lead in joining the army and strive for the realization of "Strong Army Dream" and the "China Dream." 下划线部分为译者增添的背景信息，目的是告知目标读者 Wang Yaping 是谁，虽然该背景信息的准确度欠佳（我国第一位登天的女航天员是刘洋，王亚平不能称为"中国第一位女航天员"），但译者的操作思路是正确的。

分析目标读者的信息需求，以便有针对性地调整待译文本，这也是译者在译中阶段所需要进行的宏观操作。

二、微观层面的思考与操作

上一节谈到，有不少外宣文本，在动笔翻译前译者要重新选择"起框定作用的角度"，而且要"选择性采用"原文文本中提供的材料，编译是主要的操作手段。本节从词汇、语句、段落三个层次展开讨论，目的是提出译者在微观层面进行操作的一些原则。

（一）中国特色词汇

"中国特色词汇"指反映在中国特定历史阶段出现的特定社会生活现象的表述方式。它们往往是新造出来的，其产生有着深刻的社会文化背景。总体说来，这些词汇反映了建设中国特色社会主义的阶段过程中出现的种种现象，也表达了中国人民在中国共产党和中国政府领导下对这些现象的思考、态度，以及措施。社会生活的方方面面都有可能出现中国特色词汇，政治方面的如"一个中心、两个基本点"、"三严三实"等，社会方面的如"三农问题"等，经济方面的如"两岸三通"等。

一类中国特色词汇"原产"于汉语语境，表达中国特有的思想或现象，如"科学发展观"、"和谐社会"，在英文中没有现成的对应词；另一大类中国特色词汇，虽然表达的是在中国社会新出现的现象或概念，但这些现象或概念并非中国独有，在其他语言中已然存在大致对应的表达方式。无论属于哪一类，中国特色词汇的翻译问题，都需要深刻思考和认真对待。

一方面，译文必须准确传达原文的内涵及外延，甚至包括言外之意，不能译错或译“偏”，另一方面，还必须考虑译文的可接受性问题。以汉译英为例，如果英语为母语的读者读了翻译过去的词汇却不知所云，这样的译文显然是谈不上“准确传达”原文含义的。有学者指出，时事政经词汇的翻译应当“坚持以读者为本的原则，遵循西方读者的思维方式，体谅他们对异国政治、经济、文化概念的理解困难，力求表达地道达意，文字洗练”（官忠明，2007：56），就是出于这样的考量。

但是，既然中国特色词汇出现于中国的社会与文化土壤，那么追求“地道”的译文是否应当是翻译的目标？据《新华字典》，在本语境下“地道”这个词最接近的解释是“指技能、工作或材料的质量够标准”，显然这里的“标准”本就是一个含糊概念。如果要表达的概念是目标语原来没有的，也就自然没有什么既定的“标准”放在那里作为衡量依据，于是无论如何译文也不可能做到“地道”。人们早就认可了“美国英语”不同于“英国英语”，甚至随着英语在全球的广泛使用而认同了“印度英语”等英语变体的存在，近来甚至出现了“中国式英语”（Chinese English）等提法[①]，这就说明，活的语言具有非常大的包容性和灵活性，在表达方式方面存在一定的差异未必会妨碍目标读者的正确解读。

下面就以20世纪末以来在中国得到广泛使用的高频词“信息化”为例，分析中国特色词汇的翻译原则问题。

笔者在互联网和中国知网上查找后发现，“信息化”最常见的英译包括informatization和informationization及其相应的变化形式如informatized。前者已被一些重要的官方机构采用，如“国家信息化专

① 国内有不少语言学的研究者已经接受“中国式英语”和“中国英语”的提法，认为这是一种语言变体，与社会生活的变化密切相关。中国英语变体是“一个连续体，一头是中国人对英语的干扰变体，即中国式英语，另一头是受汉语干预的中国英语，两者之和构成了同一事物的全貌。”（胡晓丽，2008：29）

家咨询委会（the Advisory Committee for State Informatization）”。

但是另一个现象值得注意：虽然在国内编纂的词典上大多收录了这两个词条，但在 Longman 和 Merriam-Webster 等英美人士所编纂的词典上还查不到它们[①]。王旭东（2008）仔细梳理史料后指出，informatization 这个词最初诞生于日本学者之手，后来通过法语的中转而进入英语，目前开始得到英语世界越来越多的关注。但他同时也承认，无论是 informationization 还是 informatization，都还“没能获得英语世界的认可”。

笔者取样军事领域也做了一些调查。鉴于中国国防部网站（英文版）采用的是 informationization 这个译词，2013 年 6 月 14 日，笔者在中国国防部网站（英文版）主页的搜索引擎中输入 informationization，得到 295 个相关结果；当日在美国国防部网主页（www. defense. gov）搜索只得到 1 个结果[②]，出现于五角大楼官员的例行背景信息通告中。该文档中出现 informationization 的那段引用如下（笔者自译）：

> 问：报告中[③]有个词叫做 informationization，似乎与我们的 network-centric（以网络为中心的）有点相像。这么理解对吗？
>
> 答：我不太愿意在二者间直接画上等号。但我想，中国对 informaionization 的理解应该是建立在他们对 network-centric warfare 的理解之上的。我觉得他们在说 informationization 时，实际上表示他们已经理解到，信息技术是当代战场至关重要的组成因素。也就是情报、监视、侦察、精确打击。这就是信息、信息系统和信息技术的作用。但我想说这两个词并不完全相等。

同日，笔者还在英国国防部网站主页 www. gov. uk 搜索 informa-

① ［2012－08－13］. http：//www. ldoceonline. com，http：//www. meriam-webster. com.

② ［2013－06－14］. http：//www. defense. gov/trascripts/transcript. aspx？ transcriptid＝3971.

③ 当日讨论的话题。这里指的是 2007 年美国国防部撰写的中国军力报告。

tionization，得到0个匹配结果。由此也可以佐证，informationization这个词尚没有得到主要英语国家的接受。

那么，informationization是否可以用来翻译“信息化”呢？又或者应该用别的词来翻译“信息化”？如果应该，又应当采用哪种译文？探讨该词的翻译应当从准确理解何谓“信息化”开始。

“信息化”指“培育并发展以电子计算机信息处理技术为基础、以信息能的传递为纽带、以社会财富创造者具备智能信息处理能力为标志的新型生产力和生产方式，进而导致人类社会诸方面向更高阶段智能化变迁的一种历史过程”（王旭东，2008：91）。从该定义中可以发现，“信息化”首先表达的是一种动态发展的过程。在我国对“信息化”的各种使用语境中，还可以辨别出该词的另一层含义，即在发展过程中抵达一定阶段时的状态。

探讨“信息化”的英译，首先应当从术语翻译的角度展开。当前在中国翻译界，讨论术语翻译大多归在译名研究之下。在讨论译名问题时，以下三点应该是基本共识：

第一，考察词源，有确定词源的词汇应当回译（曾飒，2009）。例如Confucius应当回译为“孔子”，表达“全球化”的理念时应当回译为globalization。

第二，译词应该能让目标语读者读懂。Informationization最初是由日本学者在向西方译介过程中“创造”出来的（王旭东，2008：95）。从构词法看，该词符合英语的造词规律：动词性后缀－ize表达“使得”，名词性后缀－tion表示“状态、行为、结果”等（金正基，2009），两个后缀连在一起使用，最终表达的是“经某变化过程而达到的状态”。这个词的“创造”过程有英语的构词法为依托，客观上存在得到准确理解的可能性。

第三，译词必须能够准确地传达原词的概念。上一自然段的论述也表明，informationization既能表达过程，又能表达状态，是符合中文用“信息化”所传达的概念的。

我国的译名研究以外语词汇的汉译为主要研究对象，汉语词汇的英译是相对较新的领域。在讨论中国特色词汇外译的问题时，主要有这样两派学术观点：一派认为应当“尽量使用国际社会听得懂、易理解的语言和喜闻乐见的方式进行交流，增强宣传的有效性”，生造词语是不可取的（金其斌，2010：29）；另一派则认为传播中华文化应当“以我为准”，“译名是否符合译入语的文化习惯不能作为绝对标准”（李贵升，张德福，2011：85）。实际上，这两派都只关注了问题的一个角度，即传播者应当考虑些什么。笔者认同下列观点：词汇的翻译实际上涉及两个角度，一是传播者在词汇与意义间建立起关联；二是传播者与接受者的互动：接受者对译词的诠释与传播者对译词的选择是同样重要的（程小娟，2007：244）。

那么西方读者——目标受众——是否有可能正确诠释 informationization 这个表述所希望传达的内涵呢？从上文所引美国国防部官员的解释来看，至少这位官员对该词的理解是基本到位的，还有其他一些例子也可以证明这一点①。

在任何一种活着的语言内，新词的产生都是极其普遍的现象，只不过有些新词富有生命力，得到了流传，另一些则如昙花一现，很快就被遗忘。“生造”新词有很多方法，其中一种就是词缀法，如汉语的“-化”和英语的“-ize”，如“大众化”、“年轻化”和 modernize，modernization。这些词在最初出现之际，虽然字典尚未收录，虽然学界可能会需要一定的时间才能给出准确的定义，但因其构成符合理据，读者往往不难推测其大致含义。Informationization 具备得到英语读者正确诠释的客观条件。

同时我们也注意到，西方主流媒体在报道中国时，中国特色词汇的翻译也往往以采用异化的翻译策略，如音译加解释、直译加解释或者干脆只有直译。黄海军和马可云研究（2007）指出，这种现象既是西方媒体的传统，也是新闻翻译的需要，而且其目标读者往

① Informationization is the buzzword for the PLA's modernization. It refers to technical issues such as developing precision-strike missile systems as well as logistical issues such as training officers to direct battle using new communications systems.（Fletcher，2011）

往是西方的主流读者。换言之，在西方的主流读者大多能正确地诠释译文的前提下，译者不妨采用异化翻译策略。

要之，从词汇角度看“信息化”这一术语的翻译，informationization 是可以采用的译文。

探讨“信息化”的英译，还应当从翻译理论的视角进行反思。

首先，词汇表达的是一种现象，往往具有文化的、历史的、社会的种种内涵。因此，选择译词就不应该仅仅追求达意与能懂，如果可能，还应兼顾其附加意义。

以与“信息化”密切相关的“信息战”为例。美国用 network centric warfare 表达这个概念，而英国用的则是 network enabled capability[①]，两个重要的英语国家用词并不统一。但从美英近年在伊拉克、阿富汗等地的军事合作看，表达方式的差异显然并没有影响美、英之间就信息战问题的各种交流。这个例子既从一个侧面表明，译词未必需要追求与译入语国家正在使用的词汇相一致；同时也说明，词语背后承载着它在本国语境中的变迁和发展。词汇 informationization 虽不是中国学者的“原创”，但它的 - ize 后缀却能够表达出我国生产力的发展和观念的发展。

同时，翻译的策略问题其实折射出了译者及其所处主流文化对“文化他者”的认识问题（有关“他者”和“文化他者”的讨论参见第六章）。译者对文本的操作和处理中反映了对文化他者的态度，不仅是译者本人的态度，而且是译者所隶属的社会团体的主流文化所“赋予”译者的态度。

具体到“信息化”，采用 informationization 为译词，意图是尽可能全面真实地反映出中国所发生的一切，在中国文化和英美文化之间，译者偏向于前者，即面对文化他者时，译者希望通过词汇的翻译保留住词汇背后的一些差异性因素，从而保持住该词的本真面目。换个角度看，也不妨说，译者希望让英语读者全面地、本真地了解

---

① http：//en. wikipedia. org/wiki/Network-centric_ warfare.

中国这一“文化他者”。近来翻译研究的主要话题之一就是：译者应当尽可能地保留原文中的差异性因素，还是不着痕迹地抹平原文中的差异性因素？在中国翻译理论界，至少在外国文学作品汉译这一领域，已经有越来越多的声音认同要尽可能地采用异化的翻译策略来保留原文中的“异”。（孙致礼，2002）究其实质，异化的翻译策略既反映了译者对文化他者——原文作者——的尊重，又反映了译者对译文读者的尊重（许宏，2012）。由同样的逻辑推导，在中国特色词汇对外翻译的过程中，采用异化翻译策略，同样也反映了既尊重原文作者[①]又尊重译文读者的态度。

从翻译理论的角度反思，“信息化”译为 informationization 也是符合理据的。

适当坚持差异性原则，是指不能为“异”而异，译词的选择要符合理据，而且必须客观上存在得到读者准确理解的可能性。中国特色词汇的翻译要注意彰显中国文化的异质性与独特性，以便与其他文化进行平等而深入的交流。

（二）语句调整

译者需要进行语句调整，这是出于语言内和语言外两个方面的原因，第四章已经有过详细论述。外宣“原文”中某些表述或是过于具有“本土特色”、或是与我国的意识形态因素、与我国的软新闻报道写作习惯、与我国的历史文化背景等因素有关，就必须先做调整才有望达到较好的宣传效果。

对外宣文本的语句进行调整可以参照以下几条原则：

第一，根据目标受众的审美习惯、修辞传统、知识背景、心理期待等因素删除、合并原文部分语句。

需要删除或合并的内容主要包括信息量并不高的语句，大部分是作者为追求汉语读者所习惯和欣赏的良好阅读效果而添加的，例

① 此处应广义地理解“作者”这个概念。因为随着时代的发展，很多情况下，文本是由多人合作完成的。

如对人、物的过多描绘（而英语倾向于朴实的文风）①、对人物心理的描写（而异文化背景的读者未必能够体认这样的心理）②、使用比喻等修辞手法（而异文化背景的读者未必能够欣赏这些修辞）③。

第二，遵照英语的衔接手段。

有关衔接手段的问题，这里要补充的是英语的语言组织对主语的重视。Li 和 Thompson（1976）在《主语与主题》（*Subject and Topic*）一书中提出英语是主语显著的语言，而汉语则是主题显著的语言，英语中的主位在大多数情况下与主语重合，而汉语的句子中，主位则基本上是话题（转引自许余龙，1992：241）。因此，前后句的主语一致是英语的重要衔接手段，而汉语句子只要围绕统一主题展开即可达成连贯，主语的更换较英语频繁。外宣译者要注意不为原文所囿，采用一些手段来避免在译文中频繁转换主语的情况出现。如：

同时，地区安全形势仍面临诸多挑战，一些热点问题出现反复，传统安全威胁与非传统安全威胁相互交织。

On the other hand, the region is confronted with many security challenges, including the reoccurrence of some hotspot issues and the

---

① 如“5 年来，辛苦而繁忙的建设工作，海风吹白了他的头发，吹黑了他的皮肤。”（陈万军，吴登峰．走进中国航母军港［J］．中国军队，2013（2）：77.）

② 如“这是一次充满‘火药味’的海上训练检讨式交接班：7 名业务长和 3 名参谋、干事对一天施训存在的问题进行轮番‘轰炸’，‘鸡蛋里挑骨头’，点名批评，毫不留情。”（江山．军舰跟训日记［J］．中国军队，2013（2）：69.）在西方受众看来，军事训练方面的点评本来就不该“留情面”，如果“不留情面”的做法得到了突出描写，是不是暗示“留情面”的做法是中国人民解放军的常态？如此分析，如果直译这段文字，意图达到的宣传效果会打折扣。

③ 如下句中的划线部分：“在朝鲜天空上横行的美国飞行员，大都参加过二战，‘喝’过成千上万吨航油，是飞过上千小时的空中‘老油条’。他们中不少人由于长期高空飞行，吸纯氧过多，把脑门都飞秃了，看上去就像一只能征善战的‘老秃鹰’。”（王玉山、徐壮志．英雄的天空——献给抗美援朝空战中的志愿军飞行员［J］．中国军队，2009（4）：46—47.）

interconnection between traditional and non-traditional security threats. ①

“地区安全形势仍面临诸多挑战”是本句汉语原文的主题，具体表现在于后面两个小句。“一些热点问题”和“传统安全威胁与非传统安全威胁”两个词组是分话题，从句子表达看，都在小句主语的位置。如果将这两个词组直译成英语小句的主语，这样的操作是很容易的，但英译文的主语变换频繁，会带来一种跳动不息的感觉，导致读者认为文字不够连贯。译者遵照了英语注重主语、喜用名词词组的特点，灵活地采用了词性转换的手法，将后两个小句处理成了名词词组，用 including 一词轻松实现和句子主干部分的 many security challenges 的衔接。这样的处理技巧值得外宣译者学习揣摩。

第三，酌情处理汉语原文中的并列结构。

此处“并列结构”指短语或小句的构成方式一致（例如都是动宾词组，或都是主谓词组），在语句中并置摆放的一些结构，其数目往往在三个甚至更多。大量使用并列结构，是汉语正式文体中常见的做法。并列结构之所以得到广泛使用，与汉语的思维和写作特点有关，包括意合的语言组织特点。这些结构并置，看起来是并列的，反映了汉语作者的思路推进方式。但英语句子结构的特点是以主从复合句为主，汉语原文的“并列项”太多，就会给译者带来不小的处理困难，如：

> 统筹发展与安全、内部安全与外部安全、传统安全与非传统安全，维护国家主权、统一和领土完整、维护国家发展利益，维护国家发展的重要战略机遇期。（《2002 年中国的国防》）

在汉语原文中有四个动词词组，分别由“统筹”与三个“维

① 梁光烈．加强互信协作以维护地区和平稳定（2010 年 10 月 12 日在东盟防长扩大会上的主题发言）．

护”统领，四个词组并列，在逻辑上是相互平行的，在表述上得到同等程度的强调。如果直译，这四个动宾结构将被翻译成四个动词词组，而且也并置、平行，成为英语句子中四个并列的谓语动词。但是，英语中主从句的使用频率比并列句高得多，而且即使是并列句，四个谓语相并列的结构也非常罕见。所以这样的直译文本虽然能做到语法正确，但必然会令人感到读起来“不顺”，甚至“很累”。问题是，原文是政策性文本，而政策性文本在翻译时还需兼顾告知受众文本的写作者“怎么想”这一问题，所以在这一段译文中，有必要保留这种反映汉语思路推进方式的并列结构：

> It endeavors to enhance both development and security, both internal security and external security and both traditional security and non-traditional security; works to uphold its sovereignty, unity and territorial integrity and promote national development; and strives to sustain the important period of strategic opportunity for national development. (*2002 China's National Defense*)

如果并列结构的出现场合不同、文本性质不同，那么处理方式也就可以不同，如：

> 中国始终将维护共同安全、谋求共同发展、实现共同利益，作为与亚太各国发展关系的战略取向。[①]

在这段原文中，三个并列的动宾词组共同充当介词“将”的介词宾语成分。这是一段发言稿，虽然政治性也很强，但并不必像政策性文本一样进行翻译，试比较直译稿与调整稿：

---

① 梁光烈．加强互信协作以维护地区和平稳定（2010年10月12日在东盟防长扩大会上的主题发言）．

直译稿（笔者试译）：China will always hold it as her strategic orientation in terms of developing relations with countries in the Asia-Pacific region that we should maintain common security，pursue common development and realize our shared interests. （34 词）

调整稿（东盟防长扩大会议上真正使用的译文）：Common security，common development and shared interests have always been China's strategic objective for developing relations with countries in the region. （21 词）

直译稿的同位语从句中三个动词为从句的并列谓语，虽然句子结构是合乎语法的，阅读所需耗费的努力却是不少，读起来很累。调整稿打破了原文并列结构中的动宾关系，省去读者能够自动推导出的“动词”部分，只保留了动词的“宾语”部分，即只保留了原文语句的核心信息。译文有效缩短了句子长度，降低了难度，表达简洁明了，能起到很好的阅读效果。

只要不是政策性的外宣文本，在处理汉语的并列结构时，译者可以据语境采取灵活多样的手法，往往可以和段落调整合并进行（参见下文）。

（三）段落调整

在外宣语境中，译者对汉语原文的段落进行调整，是出于汉、英母语者思维习惯方面的差异。思维差异在论述性的段落中尤其明显。首先，汉、英段落建构的常规不同。开普兰（Robert Kaplan，1966）曾指出英语篇章组织的基本模式为直线型，而汉语等东方语言为螺线型，因此汉语为母语者用英语进行写作，很可能会出现英语写作规范所认为的兜圈子、不切题等现象（转引自许余龙，1992：260—265），反映在段落层次，就是段落内部结构松散，可能存在与本段不直接相关的内容；其次，英语的语篇模式基本上是演绎式的，而汉语为母语者习惯于归纳式的语篇模式，反映在段落层次，汉语的段落如果有“主题句”，该句一般会出现在段落末尾，出现在对所述话题进行了足够的论证和解释之后。而在演绎式思维习惯的影响下，英语为母语者习惯于将段落主题句放在段首，其后各句是对之的论证、解释和补充。

在翻译外宣文本的过程中，关于段落调整，有以下两条原则。不过需要说明，由于其特性，政策性文本一般不做段落调整（参见第五章第一节第三部分）：

第一，重视段落主题句，并将之安排在英译文的段首位置。

将主题句安排在英译文的段首便于读者快速浏览文本并得其大意。虽然各类英语写作教材表示主题句的位置可以在段首、段中或段尾，但是在时间有限的情况下，英语为母语者快速阅读一篇文本的方法往往就是浏览各段落的第一句。给各个自然段一个主题句，并将之安排在段首，是方便读者阅读的一种常见手段。

汉语写作并不那么强调段落主题句的作用，有些汉语段落没有主题句，或者主题句不明确。即使有主题句，汉语写作对其位置的要求也并不严格。由于外宣文本原文的这种写作特点，译者必须做出必要的调整。

请看下例：

> China (1) <u>is accelerating</u> reform and innovation in its defense-related science, technology and industry, (2) <u>promoting</u> strategic and specialization-oriented restructuring of defense industry enterprises, (3) <u>enhancing</u> the capabilities of independent innovation in the R&D of weaponry and equipment, and (4) <u>striving</u> to establish a new system of defense-related science, technology and industry which caters to both military and civilian needs, and channels military potential to civilian use.（下划线及数字标记为笔者所加）[①]

---

① Defense Technology [EB/OL]. [2014-08-15]. http://eng.mod.gov.cn/Database/Tech/index.htm.

以上段落是国防部网英文版 Defense Technology（国防技术）版块第一个自然段的内容。该自然段是 1 个句子，长 63 词，有 4 个并列的谓语项。虽然 63 个词的句长在英语中并不罕见，但 4 个并列的谓语结构则比较罕见。这个句子没有语法问题，但读起来比较累，需要耗费较大的阅读努力。笔者没有找到该文本的汉语原文，但可以判断英文是直译自汉语的，因为它保留了汉语写作多用并列项、多用动词结构的思维模式和行文模式。该文本适于充当本书的分析对象。

但是，《国防技术》不是政策性文本，国防部网中设置该版块目的，应当是介绍中国的国防技术以及一些有关问题，并不需要通过该文本告知中国人思考问题、表达问题的思路。只有让目标受众愿意花时间来读它，才能更好地达到宣传目的，而文字表达的方式也是吸引受众的手段之一。综合上述分析，该文本的译者应当考虑顺应受众的阅读习惯以降低其阅读努力。

仔细分析原译的 4 个并列谓语的逻辑关系后可见，小句（1）“中国正加速改革创新”在逻辑上统领小句（2）“推动企业重组”（3）“加强武器装备独立研发”和（4）“建立新的科技产业体系”。通读“Defense Technology”全文，发现一共有三个小节，各小节标题依次是 Promoting Innovation in Structures and Mechanisms（推动结构机制创新）、Improving the Weaponry and Equipment Research and Production System（促进武器装备研发和生产体系）、Enhancing Cooperation with Other Countries（提高国际合作）。也就是说，上文所引第一自然段的功能相当于序言，其中小句（2）和（3）都有直接对应的正文。

鉴于此，建议在译文中突出该自然段统领全文的功能。方法是：将原译的小句（1）处理为该自然段主题句的主句部分，原译中小句（2）和（3）处理为并列的名词词组，作为主题句的补充成分。如直接删除小句（4）会造成信息损失，因此应当保留其关键词。而作为开篇段落，如果完全不提占正文近三分之一篇幅的第三小节的内容，也是不妥当的，因此需要将之概述。

改译如下（笔者试译）：

China is accelerating reform and innovation in its defense-related science, technology and industry, especially in terms of its defense industry enterprises restructuring and its R&D capabilities development. Establishing a new defense-related system which caters to both military and civilian needs and *enhancing international cooperation* at the mean time, *China's defense technology is now in a new phase of development.*

改译文共2句，增加了2个语段（斜体部分），但是总长度减少到59个词。增加的部分一是正文第三小节的总结，二是总结性的词组“处于新发展阶段”，用来充当第二句的主句成分。由于译者的积极调整，改译文所需耗费的阅读努力大为降低，整个段落读起来更为顺畅；更重要的是，改译后，该自然段能更好地实现在文本中统领全文的功能，并进而促进该文本在外宣语境中的功能。

客观上，当前已有越来越多的汉语文本在主题句的安排上与英语的段落趋同。这是文化交流不断深化的结果，为译者降低了操作的难度。

第二，遵照英语段落一致性和连贯性的写作原则重组汉语段落，必要时可以将若干段落的内容进行合并重组。

请看下例：

2007年7月31日，联合国安理会通过第1769号决议，向苏丹达尔富尔地区部署2.6万人的联合国—非洲联盟（非盟）混合维和部队，以结束那里的人道主义危机。受联合国邀请，中国决定向达尔富尔派遣315人的多功能工兵分队。2007年11月24日，中国首批赴达尔富尔维和工兵先遣分队135名官兵抵达南达尔富尔州首府尼亚拉，这是联合国第一支进驻达尔富尔的维和部队。

马建明，中国人民解放军济南军区某工兵团副参谋长，2007年10月9日，时任营长的他被委任为维和工兵分队先遣小组组长，带领其他4名官兵奔赴苏丹接洽部署事宜。从到达苏丹的第一天起，他就开始写日记，截止到2009年1月12日回国，马建明写下了460多篇维和日记。

记录下这400天来点点滴滴的，还有马建明的许多战友，在他们的文字中，危机四伏的达尔富尔，凋敝的经济，悲苦的人民，勤奋工作的中国维和官兵都跃然纸上。跟随着中国军人的脚步，让我们的目光一起回到那片遥远的荒漠。①

从英语写作的习惯看，这三个自然段是存在问题的。首先看内容组织。内容组织可以有两种思路，要么按照时间顺序，先发生的事情先说；要么按照重要性顺序，最重要的事情先说。在各个自然段内部应该讲究内容一致性。本例的第一个自然段做得很好，第二和第三个自然段则都谈到了维和日记问题，显得有些混乱；其次，第二自然段中“中国人民解放军济南军区某工兵团副参谋长”是对主角马建明当前身份的介绍，在汉语中这样的插入成分很自然，在英语中则显得与段落主题相关度不高；再次，第三自然段的最后一句不适于外宣语境。首先它的表述角度过于以中国为中心（达尔富尔是“遥远”的），不符合我们作为联合国常任理事国的有担当的大国形象，更重要的是不小心流露出了某种优越感（达尔富尔是“荒漠”，如改为中性表达“沙漠”就可以避免词汇色彩所带来的困扰），也不利于我们的国家形象。其次，该句突然出现“脚步”一词，而上下文都在说日记，词汇间的衔接度不高，需要调整。

这一段文本配套发表的英译文如下：

---

① 张玉清、黄书波．达尔富尔维和：中国军人在行动［J］．Chinese Peacekeepers in Darfur. 中国军队，2009（1）：64—73.

The Security Council of the United Nations passed resolution 1769 on July 31, 2007, authorizing the deployment of a 26, 000 – strong joint United Nations-African Union (AU) force to end the human crisis in Sudan's west Darfur region. At the UN's request, China dispatched a 315 – member engineer corps brigade to Darfur.

Ma Jianming, an engineer regiment senior officer of Jinan Military Area Command of the People's Liberation Army (PLA), was ordered to lead four other officers to Sudan in October as the vanguard to prepare for the arrival of the brigade. From their first days in Sudan, Ma and his comrades kept diaries until returning to China January 12, 2009.

Their diaries, read and written about by reporter Huang Shubo, record the crisis in Darfur, its depressed economy, people in misery and the Chinese peacekeeper's mission.

译文删去了一些数字，内容较原文紧凑；将第二、第三自然段整合后，段落内部的一致性也得到了加强；此外，译文点明下文要读到的不是日记原文，而是记者的改写稿（下划线部分），也更符合逻辑严密这一英语写作的要求。

段落调整是军事外宣译者需要关注的一个重要方面。段落调整与语句调整一样，是便利读者阅读、优化文本建构的重要手段。

第三节 译后程序：整理反思与效果跟踪

我国一些外宣机构依靠的是清一色的母语为汉语的译者队伍，他们所做的译文经母语同样是汉语的审校人员审校后得到发布发表；还有一些部门，如新华社解放军分社、国防部外事办公室等单位有外国译审，他们主要负责审阅中国译者所做的译文并提出修改意见，这些外国专家对于提高我国军事外宣文稿的文字质量功不可没。不过，传统上的译后工作也就基本止步于此。一旦完成文字转换并交付使用，译者及审校也就完成了本次翻译任务。结合翻译行业当前的操作来看，完成翻译行为、译文交付使用并不是翻译活动的终止，其后还有一些不可或缺的工作需要进行，而这些工作如果进行得好，对于今后的翻译有重要的促动作用。

一、译者个人整理和反思

每完成一份外宣译文，译者都应该有意识地整理翻译该文本时的心路历程，如有必要甚至可以做一些工作笔记。译者应当反思自己对原文所进行的增删、改动、调整等各种操作是否有据可依，这些操作能起到什么样的文本建构效果，对中国军队的国际形象建构有没有帮助。如果该译文收到了反馈，无论是来自审校人员或编辑人员的反馈，还是来自真实读者的反馈，译者都要结合反馈意见进一步反思自己的翻译操作，目的是为了以后的工作打下良好的思考基础。

翻译要依靠的绝不仅仅是语言能力，还要依靠综合判断能力，甚至可以说对综合能力的依仗程度并不低于对语言转换能力的依仗程度。在“译中操作”环节的讨论中已经谈到，翻译的过程就是抉择的过程，译者需要不断在多重因素间进行权衡并做出决定，但译中环节的思考多是为了解决当前所译文本的局部性问题。而译后反思的重要性就在于：再一次从该外宣文本的整体出发，结合其特定的外宣语境和宣传目的，重新反思文本的处理策略。这时，因观察角度发生了变化，译者会产生新的思考，这对做好下一次的翻译工作有积极的启示意义。

二、宣传效果跟踪

译者反思，目的在于审视自己的判断与操作是否合宜，是否有助于中国军队国际形象的建构，但反思毕竟带有主观性。各种文本操作合宜与否、效果如何，最终需要更为客观的判断，也就是需要跟踪宣传效果。

从拉斯韦尔的传播模式[①]来看，受众是传播环节中的重要一环；对宣传效果进行跟踪，是外宣工作的重要一环。跟踪宣传效果，恰恰是当前我们做得还远远不够的一个环节。

效果跟踪包括两个层面：一是跟踪总体的宣传效果。这个层面主要关乎宣传稿的内容选择和稿件撰写，其依据可以是国外民众对于中国有关话题的总体评价和反馈。可以关注国外媒体上所刊登的，或者是有关网站等其他途径中得到发表的，国外有关民众对我国的总体印象、总体评价等，通过这些手段进行跟踪；二是跟踪具体某篇宣传稿件的阅读效果，这主要关注稿件的翻译问题，更确切的说法是：关注外宣文本的重新建构问题。本书主要的思考范畴是后者。当然，选择合适的稿件内容进行对外传播，无疑是做好外宣工作的第一步。

外宣工作应当进一步关注宣传稿所起到的效果，要采取科学手段展开系统性的调查，充分了解国外各个层次的受众对什么问题感兴趣，对中国、中国军队的哪些做法有疑义，既分析其信息需求，也分析其既有的心理和知识背景，然后才能在宣传稿的撰写环节中充分注意到选择性采用的问题、撰写角度问题等，并采用合适的叙事技巧进行对外宣传。

第三章谈到《当兵的是咱自家人》一文（具体分析见附录2），文章三个小节，其中两个小节的主要内容都是部队如何帮助当地群众脱贫致富，这就很可能引起目标读者的困惑——中国军队的功能到底是什么？为什么会做这些事情？这样的一支军队，战斗力如何？类似的稿件是不是适用于军事外宣领域，光靠外宣工作者的判断是不够的，难以避免主观性和片面性。要做出科学的判断，就应当系统收集真实的受众对我国外宣文本的各种意见，然后再进行分析。

---

① Who says what in which channel to whom with what effect. 这是拉斯韦尔在《传播在社会中的结构和功能》一文中所提出的传播模式。（转引自徐协，2007：58）

不过，本研究的重点是军事外宣文本的翻译问题，即重新建构问题。为了了解受众对于既有外宣文本（英语，主要是新闻类文本）的反馈，笔者拟写了一份问卷调查表（见附录3）。建议在国防部网站（英文版）上为此问卷调查做上链接，在受众阅读过某新闻后自动弹出，实时收集受众反馈，以便进行后续分析。外宣效果跟踪是一件非常重要的工作，其中文本建构方面的效果跟踪，是外宣译者译后程序中一个非常重要的内容。

三、语言资产维护

“语言资产”的提法提示人们充分认识先期所做的翻译工作和所积累稿件的效用问题。“企业语言资产是指企业在进行产品全球化生产过程中形成的、由企业拥有或者控制的、预期会给企业带来经济利益的语言资源”（崔启亮，2013：6）。借用这个定义，同时对照机辅翻译软件的通常模块，笔者认为可以将外宣领域的语言资产分为两大类：

第一类对照翻译软件的“术语库”，包括一些反映、描写中国、中国军队特有状态和现象的固定表达，将其做成源语、译语的对照库[①]。中国翻译协会对外传播委员会每隔一段时间会公布一份新词译法表，在《国防白皮书》等重要文献中也可以找到描写中国军队发展过程中新出现的现象的词汇及其外语译法，经过一段时间的使用后，译名逐渐定型并得到了接受。外宣译者要做有心人，注意收集源语和译语，这是语言资产维护的一个方面。

第二类对照翻译软件的“翻译记忆库”，将外宣文本按文本类型、使用场合等变量进行分类，也做成源语、译语对照的篇章库。同时，为了便利语言资产的建设、积累、检索、应用，建议军事外宣的翻译工作者使用机辅翻译软件。使用机辅翻译软件这种做法符合翻译产业发展的趋势，而且也确实能为军事外宣翻译工作者带来

① 塔多斯等翻译软件支持多语对照的术语库，使用起来非常方便。

极大便利。

维护语言资产，首先包括对已翻译好的文件进行整理、分类、导入工作，要在术语库和记忆库的建设上下功夫。[①] 整理与分类的目的是便于后期的查找和检索，也是为了便于后期翻译时挂靠针对性更强的术语库和记忆库。[②]

上文提到，根据军事外宣文本的文本类型、使用场合、使用目的等不同因素，不同的外宣文本需要遵照不同的翻译原则，采用不同的翻译手段。政策性文本宜采用直译为主的翻译方法，因此译文和原文基本上句句对应，将原文和译文分别导入机辅软件，在软件的支持下可以直接生成翻译记忆库。[③] 而新闻报道等类型的外宣文本在文字转换的过程中往往会采用编译、摘译、缩译等方式，其原文与译文的句、句对应程度不高，在这种情况下并不适合用软件做翻译记忆库，但是将其中部分内容摘出来存储进术语库是完全可行的，也可以发挥很大效用。

维护语言资产，其次还包括根据各类反馈意见修订、更新库中既有的译文。机辅翻译软件支持对库中的内容进行筛选、更新、删

---

① 机辅翻译软件支持两种建库方法：一是先期建设；二是边工作边建库。如果由于时间和精力等条件的限制无法做到先期建库，使用边工作边建库的模式也是非常合适的，积累一段时间后，就能够发挥出效益。

② 例如，某外宣文本的内容是介绍某新型武器，在翻译过程中如果挂靠的记忆库中主要是军事外交类的内容，由于相关性太小，记忆库能为译者提供的帮助几乎可以忽略不计；但如果挂靠的记忆库是汉译外的“武器装备记忆库”，那么在术语的表达，甚至句式的转换等方面，记忆库中的存储可以为译者提供很多提示，从而大大减少译者查找资料、求证译文准确性和可接受性的时间，提高了翻译的效率。对记忆库和术语库进行科学分类、科学管理是非常重要的工作。

③ 机辅翻译软件的记忆库建设都采用句、句对应方式，将一句源语和它相应的译语做成一个记忆单元。在翻译新句子的时候，挂靠记忆库的情况下，软件会自动计算当前所译句与库中所存储句子的匹配率。如果使用者设置匹配率为70%，则匹配率在70%以上的所有句子的译文会自动呈现在译文区，而且软件的界面提示匹配率，译者做相应改动即可。由此可见，记忆库中所存储的内容与当前所译文本的相关度越高，记忆库的存储量越大，越有可能产生高匹配率的句子，译者为本次翻译任务所需要付出的劳动也就越少。例如《国防白皮书》每两年会有一次更新，但各版本间确实有不少语句彼此类似，而且类似程度较高。在这种情况下，翻译记忆库能为当前的翻译工作提供非常大的便利。

除、修订、添加等种种操作，一旦发现得到前期外宣翻译的反馈，要及时根据反馈意见进行修订和更新。

维护语言资产，同时还包括广泛的收集和积累。在外宣领域，因为服务于共同的大愿景，语言资产的收集范围不必局限于外宣译者本人或所在团队所做的译文，应该、也可以有更为广阔的视野。遇到与外宣工作相关的原文和译文，译者都不妨将之“拿来”。在向同行学习的同时，完善语言资产的建设。

第四节　小结

外宣译者要建立对“翻译”的正确认识。翻译是一种有明确目的的社会行为，界定不明晰的“信达雅”既不能概括翻译操作的标准，又解释不清翻译操作的依据和尺度。外宣翻译要根据具体语境判断特定文本的翻译原则和策略。

适合用于军事外宣语境的几类常见文本，其翻译策略总结如下：

表 5—2　不同类型外宣文本的翻译策略

文本类型	外宣翻译策略
政策性文本	适当坚持差异性原则、尽可能直译，必要时做适当调整
硬新闻	可以采用西方受众所熟悉的倒金字塔结构，但措辞必须反映我方的立场；词汇要拿捏到位，但句型和结构应当符合译语习惯
软新闻	深入了解受众心理，通过改写、编译等手段进行传播，动用受众喜闻乐见的语言进行表述
其他	根据具体语境进行分析，大多数情况下类似于软新闻类文稿的翻译策略

本章在以时间为轴的梳理过程中，为军事外宣译者总结出了一份工作流程图（图 5—1）。参照此流程，能帮助译者明确每一个环

节的思考对象，清晰认识要做的工作，以及应当遵循的思路。

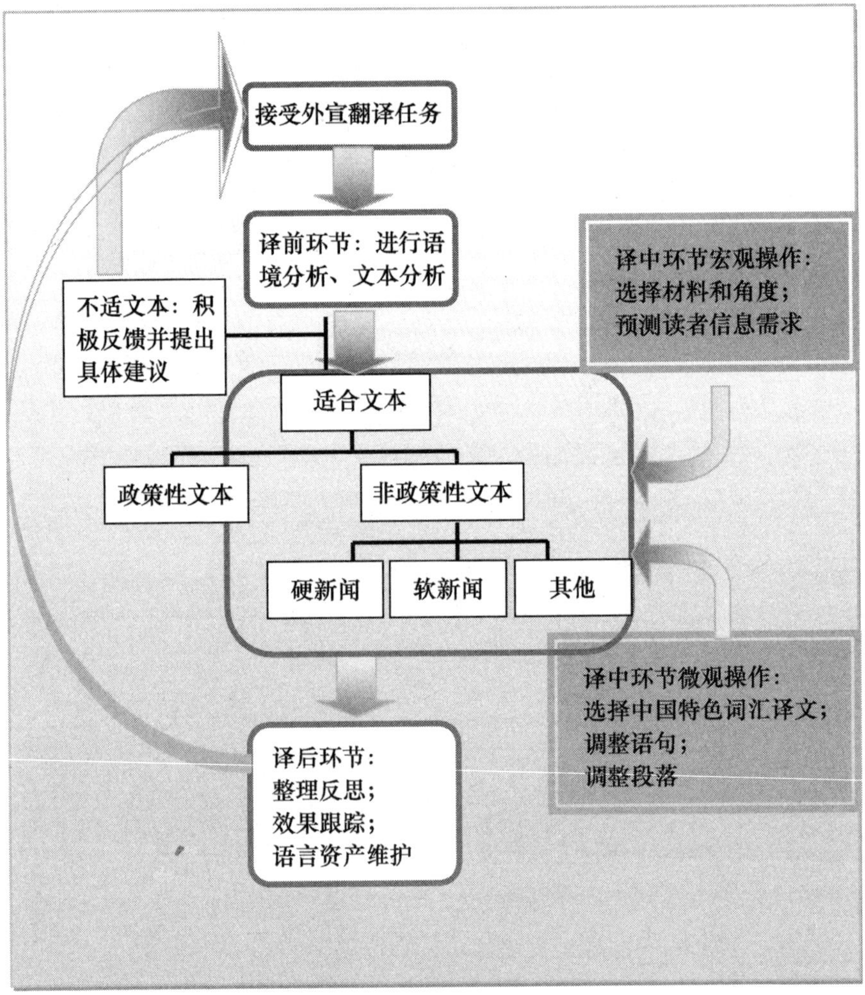

图 5—1 外宣翻译建议流程

第六章　建构良好国际形象的综合思考

第一节　外宣是对话

建构良好的国际形象，营造良好的国际氛围，是时代赋予外宣译者的使命。要在国际受众心目中建构中国及中国军队良好形象，“做得好”是前提，“说得好”是手段。关于“说得好”，首先要解决的问题是“说什么”，然后是“怎么说”。

在上文的讨论中，笔者总结并提出了如下建议：选择的外宣材料应该让目标受众觉得与自己“相关”，而在外宣文本的再叙事过程中，译者要充分考虑目标受众的文化/历史背景、清楚了解其价值观，分析其国家利益及立场，尽可能明确其信息需求，然后在修辞和连贯两个方面下功夫。总体看，外宣文本的组织要符合目标语既有的规范。

这就引出了这样一个问题：外宣的最终目的是让国外受众了解中国并最终建立一定程度的认同。认同的问题下文再谈，而所谓“了解”当然也包括了解我们的传统、我们的思维方式以及思路。如果在外宣材料选择方面和外宣文本建构方面，都只一味考虑是否符合目标受众的期待和喜好，那么上述外宣目标就不可能实现。

要解答这个问题，需要有发展的观点，还要有对话的观点。

从清朝末年开始，中国开始了主动了解西方、学习国外先进文化的历程。近两百年来，我们仍处在学习和了解的过程之中。同样，其他国家和人民了解中国也需经历一个逐步渐进的过程，不可能一步到位。此外，当年中国先进知识分子之所以提出要睁眼看世界，而且得到了民众的积极响应，是由于国家积弱，迫切要“独求新声于异邦”。这样的心态促使中国走上了主动求索的道路。反观当前，虽然中国综合国力的提升吸引了世界的眼光，但不少国外民众了解中国的迫切性远比不上我们当年的迫切性。有鉴于此，在外宣过程中要秉持发展的观点，要认识到：当前遵照目标语的文本规范来进行翻译（政策性文本除外），是为了保证外宣文本得到有效接受。在得到接受的前提下，经过一段时间的累积才会逐步产生期待中的积极影响。随着外宣行为的持续和积极影响的积累，遵照目标受众所熟悉的“体裁和常规”的做法可能、也可以，逐渐有所改变。主动的对外传播会促进文化间交流，而这必将有利于以后的外宣活动，也会给以后外宣文本的组织带来一些新的特点。

另一个方面，外宣也是一种对话。

“对话”作为一种哲学理念是由德国宗教哲学家布伯（Martin Buber）首先提出的。布伯在《我与你》中反思并批判了欧洲哲学传统对世界的认知方式。他指出：在欧洲的哲学传统中，世界是与人相分离、相对立的客体，是人的经验对象，也是人施动和利用的对象，构成一种“我—它”关系。布伯则推崇“我—你”关系，其中“你”是我之外的真实存在，是一个不可分割的统一体，“是无待无垠、纯全无方之‘你’，充溢苍穹之‘你’”（布伯，2002：6），“我—你”创造出关系世界。“‘你’经由神恩与我相遇”，相遇即是对话，于是“‘我’步入与‘你’的直接关系里”，“凡真实的人生皆是相遇”。（同上：9）“‘你’之世界超越于时空网络”（同上：29），“你”是不可被经验的，我无法一部分一部分地通过分析而知悉“你”，但我却能知悉“你”的一切。布伯认为只有在“我—你”关系中才存在对话，这是一种“之间”（betweenness）关系。

另一位犹太哲学家勒维纳斯（Emmanuel Levinas）的“他者”观从另一个角度阐述了“我—你”关系。诚然，如果“你”是“我”所经验的客体对象，那么“你”、“我”之间便无法发生对话，正如“我”无法和一张桌子、一把椅子对话一样。作为“我”的对话对象的“你”，应当是和“我”相平等的另一个主体。那么，除此以外还有什么是需要“我”注意的呢？勒维纳斯说：“我”还必须尊重作为“他者”的“你”。

在勒维纳斯看来，人的生存状态就是无边无际的 *il y a*。法语词组 *il y a* 相当于英语的 there be，表达非人称的存在，意味着人们即使明明知道什么都没有、但却又感觉到了的什么，它并不说明有这样或那样的东西，它是存在展开的舞台。这没有承载者、没有主体的 *il y a* 没有光、没有声音、无法设定对象、没有划分空间的坐标，是一种无媒介的、纯粹的存在。在这种状态里，既然没有“我”，那么“我”也就无法反抗，无法抽身，只能暴露在存在前，没有止境也没有出路。因此 *il y a* 构成一种恐惧。

如何逃离 *il y a*，逃离这种恐惧和孤独？勒维纳斯发现只有通过“他者”：“他者”以“脸”示“我”，无边无际的 *il y a* 中出现了另一个存在者，于是“我”得以逃离。“他者”拯救了“我”。勒维纳斯强调“他者”的绝对相异性，强调“他者”是“我”所不是的，“我”和“他者”构成“面对面”（*vis-à-vis*，face-to-face）的关系。面对面是一种双向的交流，而不是统治、奴役、使动、被动等其他关系。

两位哲学家的思考虽然不无神秘主义色彩，但他们所倡导的“对话”观及“他者”观无疑很有启示意义。

外宣就是一种对话。外宣的实质就是，与具有不同的国家利益诉求和立场、具有不同的思维和认知方式、持不同语言的人群展开一种对话。对话性体现于两个层面：首先，对话只能发生在两个彼此平等的主体之间，而且这两个主体理应互相尊重，也必须互相尊重。同时，对话的两个主体互为他者，彼此间是存在差异的，没有差异也就没有进行对话的主体。

坚持对话的观点，就意味着外宣不可一味求同。因为丧失了差异也就会丧失个性，并逐渐丧失思维与言说的主体地位。这是选择外宣文本时要“以我为主”（参见第五章第一节）的思维基础，也是本书提出政策性文本独特翻译策略（参见第五章第一节）的思维基础。

但是，不可一味求同也并不等同于自说自话，而是要在“求同”和“存异”之间寻求一个平衡点。

首先，认识不能僵化，要有较高的立足点，拥有全局性的、发展的眼光，辩证地看待“说什么”的问题。在当前某个语境下，也许某篇外宣文本是“不适文本”，这时应听从译者的意见建议相应处理，但是也许随着对外宣传工作的不断展开，随着目标受众与我们互动的增多，现在的“不适文本”会成为新语境下的“适合文本”。

寻求“求同”与“存异”的平衡点的另一个方面，有关军事外宣译文的“怎么说”。在从汉语翻译成英语等很多语言的过程中，译者往往需要根据译入语的思维方式和修辞习惯对原文进行调整，外宣翻译从形式上来说是汉译外，自然也遵循这一规则。外宣翻译不是亦步亦趋地跟随原文的表述方式，也不是照搬原文文本对事件的建构方式。外宣文本的“怎么说”要充分考虑受众的情感、认知、习惯、利益等诸多因素，预判其立场和接受情况，军事外宣译者尤其要服从统一口径、找准角度，选择性采用外宣“原文”中提供的材料，目的是优化译文文本的建构，从而吸引目标受众，引导目标受众做出符合宣传者期待的文本解读。一旦目标受众对文本的解读符合叙事者的期待，也就是说，目标受众愿意接受我方对事件的解释和理解，那么，他们就会愿意积极地理解中国。中国良好国际形象的建构，离不开外宣文本的良好建构。

第二节　外宣的文本建构行为中的伦理问题

外宣的文本建构过程中必然涉及伦理问题。伦理指人与人之间的关系，翻译伦理指“翻译的主动行为人在翻译活动中所遵循的道德准则”（许宏，2012：52）。翻译活动的主动行为人包括翻译活动的发起人、赞助人、译者、审校、出版人/译文发布人等，在翻译伦理的诸多行为主体中，译者最为关键，没有译者的翻译行为，也就根本谈不上翻译伦理。

在外宣语境中思考翻译伦理，会发现一些新的问题。

首先，“原文作者”和“译者”都不再是传统意义上的个体概念，二者都是群体。“作者”不再是一个具体的人，于是似乎也就消解了需要“译者”去“忠实服务”的对象；而“译者”也不再是一个具体的人，似乎也就消解了翻译伦理的主体。

其次，外宣译者并不是进行传统意义上的“翻译”，而是要以外宣文本为“源本”，在新的语境下进行重新建构一个新的文本。既然叙事视角的研究揭示任何文本都不是客观的，都是为了某种目的而建构出来的，那么，译者对文本进行重新建构的过程中，是否依然存在制约性因素？也就是说，翻译伦理的中介——文本——似乎也得到了一定程度的消解。从伦理角度，还可以进一步追问：外宣文本的叙事者（这里仅指“原文”文本的撰写者）对事件的表达（或曰建构）是否符合事实？再叙事者的操作依据又到底是什么？

上述问题，本研究没有能够做出解答，期待有后续的深入研究。

第三节　余论：外宣的内容选择

传播手段的发展等因素给外宣工作带来了一些变化，尤其是越来越影响了外宣的“说什么”。

当今是信息化时代，信息化时代的特点之一就是，信息的发布和流通途径发生了变化。以前只有某些机构才掌握某些内容，可以在仔细斟酌后再择机发布，而受众所接收信息的来源渠道比较单一，立场、角度等也都得到了事先框定，因此受众对该事件的认识也会相对统一，有利于引导受众的认识趋同于发布机构的预期；而当今各种自媒体设备已然普及，普通民众看到什么现象，完全有能力实时拍摄、实时传播，有不少事件正是通过这样的途径形成了一定的网络传播效应[①]。这样的传播往往事先没有得到有关框定，表达的是传播者个人的立场和态度，对国家层面的公共叙事会造成一定的冲击。而且，由于通讯手段的发展，也随着国民教育中英语教育的普及，以及国外学习汉语人数的增多，这样的传播不是不可能形成国际性的影响。有关方面如果应对不够及时，或者应对不够妥善，轻则被动，重则会产生负面形象。

因此，外宣工作必须妥善处理几对矛盾：

第一，保密的需求与“正视听”的需求。

任何国家都存在国家秘密，保护国家秘密的安全，是维护国家利益的重要内容。同样，保护军事秘密的安全也是维护国家利益的重要内容。要避免的倾向是，只考虑到了保密的需求，遇到什么事情三缄其口，不去争取话语的主动权。

上文谈到，文本是叙事，叙事是建构，叙事文本对事件的角度框定、具体的措辞选择等，都会引导读者做出叙事者所意图达到的解读。换言之，主动的对外宣传才能先声“夺人”，即争取让目标受众认同我们的立场，至少弱化其可能存在的反感情绪，起到“正视听”的作用。当然，从另一个角度来说，译者和外宣工作环节中的任何其他人一样，也有义务检查文本是否涉密甚至泄密，如果判断存在这样的可能，需要及时和有关部门汇报沟通。

第二，发布时间实时化的需求与斟酌措辞的需求。

实时发布新闻（包括发布外宣文本）通常会带来“快”和“准”的矛盾。一方面是叙事者没时间仔细斟酌措辞，另一方面是不发布就可能陷入被动。这意味着外宣工作者应当了解媒体应对的一些基本技巧，如主动发布、第一时间发布、保证发布的内容准确无误（哪怕尚不全面），透彻把握上级对类似事件的统一口径等，以便

① 如2013年春节期间一些网友的“随手拍豪车”活动中就曝光了不少豪华军车，有一些是停放在饭店和娱乐场所附近时被拍到的，引起了很大的反响。在2013年2月28日的国防部例行记者招待会上，发言人耿雁生就被问到了这个问题。（赵婷婷．国防部回应豪华军车：5月起更换车牌［EB/OL］．［2014-07-28］．www. ocayti，cin，cb/news/237/2370708. html.）

在本次发布中保持正确的大方向。

第三，建构积极形象的需求与报道负面新闻事实的需求。

“负面新闻事实”不是“负面新闻”。后者指人为加工而成的新闻报道，其内容为负面的信息，产生的是消极的影响，或者是因为新闻撰写不当而在客观上造成了负面效果（邓利平，2001：7）。“负面新闻事实”则指“不合于实践的规律性、目的性，违背社会发展的行为活动”（同上），例如自然灾害。

对于国家、军队这样的公共叙事主体来说，负面新闻事实并不可怕，可怕的是民众首先从“非官方”途径得知了这样的事实，因为这会导致一些不好的猜想，例如有关方面不作为、无担当等。而且，由于传播的角度未得到有效框定等因素，非官方的叙事无法引导受众得出对我有利的解读。事实上，出现负面新闻事实未必就等同于一定会产生负面的效果和影响，及时发布，坦承不足，提出措施，反而能赢得国际受众的认可甚至是积极评价。

有关外宣“说什么”的第二点思考有关“认同”。在他国民众心目中的形象和认同程度相关。历史、文化、意识形态等因素较为接近的国家的人民，彼此的认同程度较高，但人们面对陌生的人和物时通常会持有比较保守的态度，认同度是需要逐渐建立的。此外，同一件事情，即使采用同样的宣传措施和措辞，不同受众的认同程度也是不一样的，这取决于受众本人的政治倾向、个人情感、生平经历等多重因素。

因此，外宣工作者要致力于在目标受众心目中逐渐建立起认同感，精心设计外宣行为。

第一，要细化“目标受众”。不要将目标受众当作一个含糊笼统的整体，而是要做一些研究工作，区分不同的人群，了解各类人群的特点和兴趣、需求，以便针对不同的人群采用不同的外宣途径和不同的宣传策略。

第二，要主动设置议程[①]。外宣不是纯粹的新闻播报，不只是告知已然发生的事实，或者是应对某些事情，而是要积极表达我们想要发布传达的内容。

议程设置至少要做好以下两点：要了解当前局势和主要任务，既清楚我们想说什么，还要关注海外舆情，尤其是要细化分辨，了解不同的目标受众想了解我们的什么。主动设置议程，可以有效避免被西方媒体左右话题的情况，改被动应对为主动引导国际舆论。

主动向世界发出声音并不难，难的是能够让世界乐于倾听我们的声音，乐于了解我们的观点、立场和做法，从而在潜移默化中改变对中国、中国军队的态度。也正是因为这一点，在外宣工作中，译者起着不可或缺的、把关性的作用，其专业性不可替代。译者对外宣文本所做的进一步合理操作是外宣文本得到良好接受的必要条件之一，是外宣行为取得良好效果的必要条件之一，也就是中国良好国际形象建构的必要前提之一。坚持对话者的主体性和平等性是本书的基本观点，本书还总结了当前外宣译者取得的成就和所存在的不足，在叙事学的框架下梳理了译者进行文本操作的依据、尺度和流程。

本书是第一部以外宣文本的“翻译”操作行为为对象的系统性的研究成果，对直接用外文撰写外宣的文本也有启示作用。本书对完善外宣研究、优化外宣行为都具有积极意义。

---

① 议程设置是传播学中的一个概念。“其核心内容是，大致传媒虽然不能直接决定人们怎样思维和思维什么，但它可以在宣传报道活动中通过赋予各种‘议题’及其不同程度的表现方式，影响人们对客观事实及其重要性的关注和判断。”（蒋乾麟，2009：9）

参考文献

Baker, Mona. Translating Political Texts: Textual and Paratextural Strategies of Renarration [EB/OL]. [2012-05-01]. http://www.tracor.ufsc.br/seminario/uploads/texto/texto_ translating-political-text-brazil-2011-slide_ 2011_ 06_ 11_ 11_ 54_ 55.pdf.

Baker, Mona. *Translation and Conflict: A Narrative Account* [M]. London and New York: Routledge, 2006.

Baker, Mona. 翻译与冲突——叙事性阐释 [M]. 赵文静（译）. 北京：北京大学出版社，2011.

Belkin, N. J. & R. N. Oddy, H. M. Brooks. ASK for Information Retrieval [J]. *Journal of the Document*. Vol. No. 2, 1982: 61-71.

China's first aircraft carrier commissioned [EB/OL]. (2012-09-25). [2014-02-05]. http://english.people.com.cn/90786/7960292.html.

Cliff, Roger. China's Military Modernization and the Cross-Strait Balance: A Testimony Presented before the U. S. -China Economic and Security Review Commission on September 15, 2005. [EB/OL]. www.rand.org. [2013-12-11].

Currie, Gregory. *Narratives and Narrators: a Philosophy of Stories* [M]. Oxford: Oxford University Press, 2010.

Esselink, Bert. *A Practical guide to Localization* [M]. Amsterdam, Philadelphia: John Benjamins Publishing Co., 2000.

Fisher, Walter R. Narration, Reason, and Community [A]. in Lewis P. Hinchman and Sandra K. Hinchman (eds.). *Memory, Identi-*

ty, *Community: The Idea of Narrative in the Human Sciences* [C]. Albany: State University of New York Press, 1997: 307 – 327.

Fletcher, Owen. A Peek into China's Military Mind [EB/OL]. [2011 – 09 – 11]. http://www.atimes.com/atimes/China/KA28Ad01.html.

Gill, Bates and Martin Kleiber. China's Space Odyssey: What the Antisatellite Test Reveals about Decision-Making in Beijing [J]. *Foreign Affairs*, Vol. 86, No. 3: 2 – 6.

Hayles, N. Katherine. Narratives of Evolution and the Evolution of Narratives [A]. in Casti, John L. and Anders Karlqvist (eds.). *Cooperation & Conflict in General Evolutionary Processes* [C]. New York: John Wiley & Sons, Inc., 1995: 113 – 132.

Heidegger, Martin. *Being and Time* [M]. John Macquarrie and Edward Robinson (tr.). New York: Harper & Row, 1962.

Lefevere, André. *Translating Literature: Practice and Theories in a Comparative Literature Context* [M]. Beijing: Foreign Language Teaching and Research Press, 2006: 86.

McGregor, Jean. Michelle Obama's Democratic National Convention Speech: Transcript and Leadership Analysis [EB/OL]. [2013 – 06 – 12]. http://www.washingtonpost.com/blogs/post-leadership/pos/michelle-obamas-democratic-national-convention-sppech-transcript-and-leadership-analysis/2010/09/05/f41a7b9c – f767 – 11el – 8b93 – c4f4a – blc8d13_ blog.html.

Nye, Jesoph (et. al.) The Rise of China's Soft Power [EB/OL]. [2013 – 04 – 06]. http://www.jop.harvard.edu/.

Nye, Joseph. *The Paradox of American Power: Why the World's Only Superpower Can't Do It Alone* [M]. New York: Oxford University Press, 2002.

O'Hagan, Minako and David Ashworth. *Translation-mediated Com-*

munication in a Digital World: *Facing the Challenges of Globalization and Localization* [M]. Clevedon: Multilingual Matters, 2002.

Pier, John. 关于经典叙事学和后经典叙事学的若干思考 [J]. 外语与外语教学, 2012 (1): 81—85.

Project Management Institute (PMI). *A Guide to the Project Management Body of Knowledge* (*PMBOK Guide*) [M]. Sylva, Project Management Institute, Inc., 2008.

Pym, Anthony. Training Language Service Providers: Local Knowledge in Institutional Contexts [EB/OL]. [2013-03-29]. www. Ugr. es/~temcu/Recursos/Articulos de interes/ANTHONY PYM/.

Riessman, Catherine Kohler. *Narrative Analysis* [M]. California & New Delhi: SAGE Publications, Inc.: 1993.

Subbotina, V. Grammatical Specific Features of Social and Political Texts. [EB/OL]. [2012-05-01]. http://library. iated. org/view/SUBBOTINA2012GRA.

Toury, Gideon. *Descriptive Translation Studies and Beyond* [M]. Shanghai: Shanghai Foreign Language Education Press, 2001.

Young Nam Cho and Jong Ho Jeong. China's Soft Power: Discussions, Resources, and Prospects [J]. *Asian Survey*, Vol. 48, No. 3: 453-472.

[德] 布伯. 我与你 [M]. 陈维纲 (译). 北京: 生活 读书 新知三联书店, 2002.

陈彩云, 王海. 中英新闻导语篇章推进方式比较及其对翻译的启示 [J]. 广东外语外贸大学学报, 2011 (2): 65—69.

陈佳璇, 崔蓬克, 胡范铸. 言者身份与修辞力量: 国家形象修辞分析中的一个问题 [J]. 当代修辞学, 2011 (2): 70—76.

陈世阳. 国家形象战略研究 [D]. 中共中央党校博士学位论文, 2010.

陈文. 基于语料库的外宣杂志《中国军队》汉英语篇翻译研

究——以语篇衔接中的连接为例［D］．解放军外国语学院硕士学位论文，2012.

陈小慰．翻译研究的“新修辞”视角［D］．福建师范大学博士学位论文，2011.

程小娟．圣经汉译中“God”的翻译讨论及接受［D］．河南大学博士学位论文，2007.

仇贤根．外宣翻译研究［D］．上海外国语大学博士学位论文，2010.

崔启亮．企业语言资产内容研究与平台建设［J］．全球化与本地化，2013（3）：6—10.

戴静．中国出版社网站本地化研究——以“文化走出去”战略为背景［D］．解放军外国语学院硕士学位论文，2012.

邓红顺．意识形态对新闻翻译的影响［J］．南华大学学报，2011（3）：87—89.

邓利平．负面新闻信息传播的多维视野［M］．北京：新华出版社，2001.

丁磊．国家形象及其对国家间行为的影响［D］．南开大学博士学位论文，2009.

董青岭，李爱华．和平·发展·合作——关于中国国家形象建设的几点思考［J］．理论学刊，2006（4）：70—72.

窦卫霖．中美官方话语的比较研究［D］．上海外国语大学博士学位论文，2011.

杜世洪，卡明斯．连贯是一个语言哲学问题——四十年连贯研究的反思［J］．外国语，2011（4）：83—92.

段连城．呼吁：请译界同仁都来关心对外宣传［A］．《中国翻译》编辑部（编）．中译英技巧文集［C］．北京：中国对外翻译出版公司，1992：16.

段连城．怎样对外介绍中国［M］．北京：中国对外翻译出版公司，1993.

段连城．对外传播学初探（修订版）［M］．北京：五洲出版社，2004.

樊明明．话语权力在两种文化中的结构与功能——中西古典修辞学中说服三要素比较［J］．外语学刊，1999（3）：28—32.

甘惜平．新闻学大词典［Z］．郑州：河南人民出版社，1993.

［日］港道隆．列维纳斯——法外的思想［M］．张杰，李勇华（译）．石家庄：河北教育出版社，2002：55.

高云．中国英语学习者议论文写作中语篇特征的发展研究［D］．山东大学博士学位论文，2011.

公方彬．中国军队为什么要坚持党的领导［EB/OL］．［2013－08－09］．http：//military. people. com. cn/n/2012/0806/c101－18678955. html.

官忠明．"形象工程"英译及其他［J］．上海翻译，2007（4）：54—57.

衡孝军等．对外宣传翻译理论与实践——北京市外宣用语现状调查与规范［M］．北京：世界知识出版社，2011.

胡开宝，毛鹏飞．国外语料库翻译学研究述评［J］．当代语言学，2012（4）：380—395.

胡晓丽．中国英语变体研究现状及前景［J］．中国外语，2008（2）：27—30，35.

黄海军，马可云．也谈美国主流英文媒体对中国特色词汇采取的翻译策略［J］．上海翻译，2007（3）：52—56.

黄友义．把好编辑和翻译两道关 不断提高外宣品的质量（一）［J］．对外大传播，2000（1）：12—14.

黄友义．坚持"外宣三贴近"原则，处理好外宣翻译中的难点问题［J］．中国翻译，2004（6）：27—28.

黄振定，王凤兰．翻译的语言本体观辨识［J］．外语与外语教学，2011（3）：61—64.

贾永．全媒体时代：中国军队形象塑造的机遇与挑战［J］．军事记者，2010（11）：7—10.

蒋乾麟．新形势下军事外宣工作研究［J］．新闻与传播研究，2009（1）：8—12.

金其斌．“信息化”的英译及学理思考［J］．中国科技术语，2010（5）：28—32.

［韩］金正基（编著）．英语词缀词典［Z］．李先汉，南燕（译）．北京：群言出版社，2009.

军事科学院战略研究部．战略学［M］．北京：军事科学出版社，2011.

李贵升，张德福．宣传中华文化应“以我为准”——对《对十二生肖汉英翻译的思考》一文的商榷［J］．中国翻译，2011（4）：84—87.

李剑，王永昌．论全球化背景下的中国军队形象建构［J］．法制与社会，2008（7上）：173—174.

李欣．外宣翻译中的“译前处理”——天津电视台国际部《中国·天津》的个案分析［J］．上海科技翻译，2001（1）：18—22.

连淑能．论中西思维方式［J］．外语与外语教学，2002（2）：40—48.

刘士聪，余东．试论以主/述位作翻译单位［J］．外国语，2000（3）：61—66.

刘爽．用户信息需求分析［EB/OL］．［2013－06－02］．http：//ishare. iask. sina. com. cn/f/12683942. html.

刘雅峰．译者的适应与选择：外宣翻译过程研究［D］．上海外国语大学博士学位论文，2009.

罗菲．修辞伦理研究［D］．复旦大学博士学位论文，2010.

［美］姆贝·丹尼斯·K.．组织中的传播和权力：话语、意识形态和统治［M］．陈德明，陶庆，薛梅（译）．北京：中国社会科学出版社，2000.

荣开明等．现代思维方式探略［M］．武昌：华东理工大学出版社，1989.

唐俊．电视新闻市场竞争研究［D］．复旦大学博士学位论文，2008.

王国维．《人间词话》与《人间词》（第2版）［M］．郑州：河南人民出版社，1996.

王平兴．"近似对应"与"伪对应"——谈对外新闻中的一些翻译问题［J］．中国翻译，2007（3）：61—64.

王守福．军队形象的特征和功能［J］．西安政治学院学报，2001（1）：30—33.

王伟伟．基于语料库的英译中国国防白皮书"翻译腔"研究［D］．解放军外国语学院硕士学位论文，2012.

王旭东．20世纪下半叶"信息化"概念及用此历史源流考释［J］．史学理论研究，2008（3）：90—99.

王银泉．实用汉英电视新闻翻译［M］．武汉：武汉大学出版社，2009.

王永昌．中美军民关系比较研究：近30年视距的考察［D］．国防科学技术大学博士学位论文，2010.

王振南．基于"内外有别"原则的海西主题外宣英译策略［J］．福建工程学院学报，2011（2）：146—150.

魏在江．英汉语篇连贯认知对比研究［D］．华东师范大学博士学位论文，2004.

吴自选，许建忠．论电视软新闻英译的重写策略［J］．上海翻译，2011（1）：25—28.

肖平．把握好军事新闻宣传中的"度"［J］．军事记者，2003（9）：26—27.

辛斌．批评语言学：理论与应用［M］．上海：上海外语教育出版社，2005.

徐亚男．外交翻译的特点以及对外交翻译的要求［J］．中国翻译，2000（3）：35—38.

许宏．衔接手段与汉译英译文质量［J］．解放军外国语学院学报，2003（1）：63—67.

胥金章．对外塑造中国军队形象的调整和机遇［J］．对外传播，2009（6）：5—7.

许余龙．对比语言学概论［M］．上海：上海外语教育出版社，1992.

薛中军．中美新闻传媒比较：生态·产业·实务［M］．上海：复旦大学出版社，2005.

闫威．对外新闻编译的忠实与叛逆［J］．中国翻译，2011（6）：24—27.

杨晓荣．翻译批评导论［M］．北京：中国对外翻译出版公司，2005.

杨雪莲．传播学视角下的外宣翻译［D］．上海外国语大学博士学位论文，2010.

袁军．语言服务：中国翻译行业的全新定位［J］．中国翻译，2012（5）：80—83.

袁振兴．主、述位与翻译：文献综述与系统总结［J］．华中师范大学研究生学报，2011（2）：101—105，112.

袁卓喜．现代修辞视角下的外宣翻译——基于西方劝说机制理论的思考［J］．解放军外国语学院学报，2013（1）：91—95.

曾利沙．对《2002 年中国的国防》英译文评析——兼论对外宣传翻译的“经济简明”原则［J］．广东外语外贸大学学报，2005（2）：5—9，16.

曾飒．论“化”字词语的英译［J］．贵州民族学院学报，2009（1）：172—174.

张健．新闻英语文体与范文评析（2nd ed.）［M］．上海：上海外语教育出版社，2004.

张晓菲．硬新闻：意识形态的体现——中美英语硬新闻报道的批评性语篇分析［D］．福州大学硕士学位论文，2006.

张晓雪．论翻译中的说服因素：理论溯源与实例分析［D］．复旦大学博士学位论文，2010.

张政，张少哲．真项目 真实践 真环境 真检验——基于北京师范大学 MTICAT 案例教学的探索与实践［J］．中国翻译，2012（2）：43—46.

赵春华．语法衔接在英汉互译中的差异与处理［J］．外语与外语教学，2007（7）：56—58.

赵刚．汉语中的冗余信息及其翻译［J］．国外外语教学，2004（4）：55—60.

赵启正等．全球化时代的公共外交［J］．公共外交季刊，2011年冬季号：85—92.

朱晨静．日常生活视域中社会主义核心价值体系认同研究［D］．苏州大学博士学位论文，2012.

朱穆之．对于十七大后对外宣传的一些想法［J］．对外传播，2008（2）：8—10.

附录1："辽宁号"报道2则

第一则

http：//english. people. com. cn/90786/7960292. html　　2014 年 02 月 05 日下载

China's first aircraft carrier commissioned

(Xinhua)

16：26, September 25, 2012

Photo taken in May 2012 shows a Chinese aircraft carrier cruising for a test on the sea. China's first aircraft carrier was delivered and commissioned to the Navy of the Chinese People's Liberation Army on Sept. 25, 2012. The carrier, with the name "Liaoning" and hull number 16, was officially handed over to the Navy at a ceremony held in a naval base of northeast China's Dalian Port. (Xinhua/Li Tang)

DALIAN, Sept. 25 (Xinhua) —China's first aircraft carrier was delivered and commissioned to the People's Liberation Army (PLA) Navy Tuesday after years of refitting and sea trials.

Overseen by President Hu Jintao and Premier Wen Jiabao, the carrier was officially handed over by the navy's main contractor, the China Shipbuilding Industry Corporation, at a ceremony held at a naval base in northeast China's city of Dalian.

President Hu, also chairman of the Central Military Commission (CMC), endorsed a PLA flag and naming certificate to the naval unit that received the carrier.

The carrier, formerly known as the Soviet ship Varyag, was renamed Liaoning and underwent years of refitting efforts to install engines, weapons, as well as a year-long sea trial.

The ceremony made China the tenth country around the world and the last among the five permanent members of the U. N. Security Council to have an aircraft carrier in active service.

Premier Wen said in reading off a congratulatory letter sent from top central authorities that China's first aircraft carrier in active service will "be of great and far-reaching significance in inspiring patriotism, national spirit and driving national defense technologies."

"It will also be of great significance in enhancing national defense power and the country's comprehensive strength," Premier Wen said.

China's first aircraft carrier commissioned (2)

(Xinhua)

16：34, September 25, 2012

Undated photo shows an aircraft carrier berthing in a port of China. China's first aircraft carrier was delivered and commissioned to the Navy of the Chinese People's Liberation Army on Sept. 25, 2012. The carrier, with the name "Liaoning" and hull number 16, was officially handed over to the Navy at a ceremony held in a naval base of northeast China's Dalian Port. (Xinhua/Li Tang)

"China's development of an aircraft carrier was an important strategic decision made by the Communist Party of China (CPC) Central Committee, the State Council and the Central Military Commission," Wen said.

"The delivery and commission of the first carrier is a milestone in the PLA's history and embodies a major achievement of China's weaponry and equipment development, as well as its national defense modernization," he said.

After the commission ceremony, President Hu boarded the Liaoning, which was in full dress, and inspected the Navy's honor guard.

President Hu gave his firm appreciation for the construction of the Liaoning and ordered the Navy and relevant research institutes to keep up their good work.

The president and premier later came to the carrier's flight deck and some cabins where they talked with sailors, and scientists and engineers who developed the carrier.

According to the CMC, after being commissioned to the Navy, the Liaoning will continue to serve for scientific research purposes, as well as military training.

China's first aircraft carrier commissioned (3)

(Xinhua)

16 : 34, September 25, 2012

(Photo: navy. 81. cn, chinanews. com)

"The PLA's General Armament Department, the Navy and all comrades participating in the carrier program should make new contributions in promoting China's weaponry construction and safeguarding national sovereignty, security and territorial integrity," Wen said.

"The country and people appreciate all participants in the aircraft carrier program," Wen said.

Hu and Wen were accompanied by CMC Vice Chairmen Guo Boxiong and Xu Caihou, as well as State Council Secretary-General Ma Kai, director of the PLA's General Armament Department Chang Wanquan and Navy Commander Wu Shengli.

China announced its aircraft carrier program in July 2011, when the carrier was berthed in Dalian for refitting. Dalian is located at the south end of Liaoning province.

第二则

http://www.thehindu.com/news/international/china-commissions-first-aircraft-carrier-liaoning/article3935971.ece 2014年02月06日下载

News≫International

BEIJING, September 25, 2012

Updated: September 26, 2012 00:58 IST

China commissions first aircraft carrier Liaoning

Ananth Krishnan

PHOTO：AP BLUE-WATER MIGHT：China's aircraft carrier "Liaoning" in Dalian，northeast China's Liaoning Province，on Tuesday.

TOPICS

In a reflection of China's increasing maritime ambitions，the country commissioned its first aircraft carrier on Tuesday in an event hailed by top officials as being of "far-reaching significance" and coming amid rising regional tensions.

The unveiling of the 300 metre-long Liaoning，a refurbished and upgraded version of the Soviet carrier Varyag which China purchased from Ukraine，came after years of sea trials and tests to fit the carrier with weapons and engines.

The Liaoning was commissioned by the People's Liberation Army Navy

(PLAN) in the port city of Dalian — the capital of the north-eastern province after which the carrier is named.

Premier Wen Jiabao, who presided over the commissioning along with President Hu Jintao and top PLA officials, said China's first aircraft carrier would "be of great and far-reaching significance in inspiring patriotism, national spirit and driving national defence technologies," the official Xinhua news agency reported.

Defence analysts were quoted as saying by state media that the Liaoning was, however, not yet close to being put into active service with China needing to train pilots.

The PLA said the carrier would continue to serve "for scientific research purposes" besides military training.

The commissioning of the Liaoning makes China the tenth nation to have an aircraft carrier. The development comes amid rising strains between China and Japan over the disputed Diaoyu or Senkaku islands in East China Sea.

Defence ties

Several of China's south-east Asian neighbours have, in recent months, also sought closer defence ties with the United States after tensions in the South China Sea, where Chinese vessels have had run-ins with those from the Vietnam and the Philippines.

"An aircraft carrier will give the Navy defence capacity far beyond land-based aviation force's combat radius," Fang Bing, a scholar at the PLA's National Defence University, told Xinhua.

Keywords: China, Liaoning, aircraft carrier, Varyag

附录2：当兵的是咱自家人

当兵的是咱自家人[①]

中国东北，最难熬的是冬天，大雪封山。战士们却说："我们这里风景好。"解放军A部队的辖区在吉林省最北边，地处中国、朝鲜与俄罗斯三国交界。由于这里盛产一种极为珍贵的药材"野山参"，历年来屡屡有人不惜铤而走险，进行跨境非法采参、走私贸易等活动。然而，A部队所管理的辖区内数十年来却从未发生严重案件。"这可不是幸运，"A部队十一连贾祥东指导员对记者说，"维持良好的群众关系是我们部队的优良传统，对维系一方的安定功不可没。"

The Army as Neighbors

The frigid and snowy edge of northeast China's Jilin province is home to Unit A of the PLA. The troop guards the mountainous border with Russia and North Korea. The region is rich in wild ginseng, but for decades, there have been no major cases of poaching and smuggling of the precious indigenous herb. "It's not through luck that we succeed," says political instructor Jia Xiangdong. "Our good relations with the local residents are credited with the successful maintenance of stability."

---

① 第三章已概括了译者对该语篇所做的全局性调整，附录2的目的是进行局部点评。为了便于比对，每个原文自然段后是译文的相应的自然段。在各个部分之后附有相应点评，用中括号隔出。点评的内容有二，一是指明译者所做的改动，二是评价译文的得失。译文所删除的内容在原文中用下划线标出，译文所做的改动，在原文和译文中以斜体标出。

【这是文章的开头自然段，目的是介绍地点（吉林省北部、“三国交界”处）、人物（A部队十一连）、事件（“辖区内没有重大非法采集、走私案件”、“良好的群众关系是维系安定的要素”）等信息。但是很明显，译者并没有句对句地进行翻译，而是围绕着原文的主要信息进行了语句的重组，而主题相关度不高的非重要信息被删除，如旨在体现战士们革命乐观主义精神的“我们这里风景好”。】

“军师”王老四

从384号界标以北3公里到390/5号界标，其间30多公里的国界线是十一连的守卫范围。辖区属于长白山麓，人烟稀少，几十平方公里的土地上只有三个村庄，500多口人。上草帽村的王老四算是这500多口中最“特殊”的一个。

Working Together

The 11th Company of Unit A guards a 30 – kilometer frontier (from boundary mark 384 to 390/5) along the sparsely-populated Changbai Mountain. Within the area are just three villages with 500 residents.

2007年，司机班战士梁言到村里采购连队生活用品时，无意间注意到了一个人：“单从外貌就能看出他一条腿无法承重，连走路都摇摇摆摆，一副要摔倒的样子。而且，虽然这里是山区，大家普遍都不富裕，但他的穿着却是我见过最差的了。”小梁上前攀谈后得知，他叫王老四，先天残疾，无法从事任何农副业劳作，加上妻子体弱多病，一家人的生活一直十分贫苦。

During a supply run in 2007, Liang Yan, a member of the company, noticed a man in the village of Shangcaomao. “He hobbled along, unable to use one of his legs. The village is not known for its affluence, but his clothing marked him as poorer than the others," says Liang. The man, Wang Laosi, told Liang his disability and his wife's poor health made life a struggle.

回到连队后，小梁把途中遭遇王老四的事情原原本本讲给了贾祥东指导员。贾指导员思索了一个晚上，第二天天一亮，就去找上草帽村的村委会。“村委会支持我们想帮扶村民的想法。上午决定我们共同出资，帮王老四开一家小卖部，算是给他谋个生计，下午我把我们官兵集资的2000多元钱送到了村委会，第二天小卖部的瓦房就开始动工，也就一个多星期，王老四的小卖部就开张了。

Liang reported Wang's case to political instructor Jia, who, after a night's thought, went to the village committee of Shangcaomao. "They agreed to our proposal to co-fund a grocery store for Wang, and that afternoon, we delivered the 2, 000 yuan collected from our troop to the committee. Construction started the next day, and after a week, Wang's grocery opened."

对于一个偏僻的小山村来说，小卖部的生意算是很红火了。王老四的生活有了着落，一年内不仅还清了之前的所有欠款，还盈余了百十块。他当然很明白解放军和那个战士小梁在他整个生活变化过程中的作用，从此只要见穿军装的从他店门口路过，他都会热情地上前招呼，聊上两句。

The brisk business helped Wang eke out a living. After a year, Wang had cleared all the family debts and saved a few hundred yuan. Much beholden to the troop, Wang greets every uniformed soldier and officer passing his shop.

从小在山区长大的王老四对这片山的沟沟道道了如指掌。问路什么的，是小意思，哪些地方便于越境人员通过、在哪里蹲点设伏能拦截到越境人员，这才是王老四的拿手本领。“听他的，我们曾在387/4号界标附近抓到过越境人员，在390/3号界标那里堵到过企图越境的。”指导员说，“不管进（境）还是出（境），这些人都是为了越境采野山参的。”

A native of the mountain area, Wang knows its every ridge and valley, including the paths across the border. “His advice has led to our interception of travelers near boundary marks 387/4 and 390/3. They were found to have crossed the border for the wild ginseng,” says Jia.

在王老四的带动下，村里年轻人对协助解放军戍边的热情日渐高涨，特别是安勇等几个年轻人说：“能帮得上解放军，那是件有荣誉的事儿!”

Inspired by Wang, the village youngsters also help to guard the border. “It's an honor to help the PLA,” says An Yong, a young village man.

2009年7月底的一天，安勇急匆匆来到连部，告诉连长臧春雨说，这几天村里来了三个“可疑的”人。“他们前天落脚以后，就在忙忙叨叨地准备吃的用的，看上去是要徒步出远门。咱这地方，除了出境，哪还用得着走远路？我就寻思着让你们去看看，他们好像很快就要出发的样子。”

One day in late July 2009, An rushed into the office of Zang Chunyu, the company commander, to report three suspicious strangers in the village. “Since arriving the day before yesterday, they have been buzzing around for food and supplies as if preparing for a long hike. But where could they go on foot if not across the border? So I thought you might want to check. They seem to be leaving,” said An.

臧连长听后，立即叫上几个战士，跟随安勇去那几个“可疑人”的落脚点，却发现这些人已经走了。事不宜迟，臧连长大步回到车上打开地图，迅速确定了追击路线，最终在 388/4 号界标堵到了刚刚从某国非法越境回国的三人。从他们身上的麻袋里，搜出了 20 多棵新鲜的野山参。

The commander summoned soldiers and followed An to the traveler's lodging place, only to find they had left. Zang studied his map and launched an urgent pursuit. The soldiers caught the three travelers at boundary mark 388/4 and seized more than 20 wild ginseng roots from their bags.

【这是一段讲故事性质的软新闻报道。记者使用了大量直接引语，目的应该是增强文章的可信度；记者还使用了对人物外貌和语言的描写，目的应该是增强文章的生动性。文章的叙事视角在不断发生变化，有时采用客观的第三人称外视角（如第七自然段“安勇急匆匆来到连部”），有时采用混合视角（如第四自然段“对于一个偏僻的小山村来说，小卖部的生意算是很红火的了”和第八自然段的“事不宜迟”，都既是叙事者的判断，也是文章中所描述到的人的判断）。此外，记者比较乐于在文章中直接表达自己对事件的判断，如第一自然段的“上草帽村的王老四算是这 500 多口中最‘特殊’的一个”，和第四自然段“他当然很明白解放军和那个战士小梁在他整个生活变化过程中的作用”。

这样的软新闻报道，其文体风格是汉语读者所熟悉和接受的。可是，文章的叙事视角频繁发生变化，记者不吝表达自己的判断等，这些做法都不符合西方新闻的写作常规。换言之，软新闻用这样的写法未必能够得到目标受众的接受，即使仅仅是从写作的角度看，该文也未必能起到预期的宣传效果。

“译者”在细节上的改动包括：1. 进行文字的降调处理（删去了“原原本本”报告、“大步回到车上”、“迅速确定”路线等在中文读者看来生动活泼的表述方式)；2. 尽可能采用同一种视角——第三人称外视角——来组织文字；3. 将明确表示记者本人判断的文字删除（如“他当然很明白解放军和那个战士小梁在他整个生活变化过程中的作用”，改为更为隐蔽的表述方式如“brisk business（红火的生意）”和“much beholden to the troop（非常感激部队）”。隐蔽的表述更容易为英语读者所接受。

总之，汉语原文讲究的是娓娓道来的亲切感，而英语“译文”则显得冷静客观。译者遵从了英语相应的“体裁和常规”，有助于外宣文稿的良好接受。】

带动多数富起来

帮助王老四成功谋得生计后，贾指导员切实意识到帮助人民群众得到真正的实惠，是调动他们积极性的最好办法。于是他开始处处留心，为几个村的经济发展找出路。“那个时候不光我一个人发愁，大家都愁。我们这里属于长白山麓，最高处海拔600多米，自然环境好，物产也丰富，就是不等运出去就坏在路上。居民的平均生活水平也不高，只能维持最低限度的生活。”

Winning Hearts

Realizing that the goal of a better life was the best way to motivate the villagers, Jia began considering how to boost the local economy. “At that time I was not the only one with that thought. These villages perch about 600 meters up the resource-rich Changbai Mountain. Yet since the natural bounty could not be transported elsewhere, people here only managed to live a hand-to-mouth existence,” said Jia.

2007年年底的一天，在去黑龙江开会的途中，贾指导员借着休息时间习惯性地到当地村民中聊天。他了解到这里的村办加工基地项目开展才一年，就已经经营得红红火火，开始为当地村民牟利了，群众热情也很高。贾指导员想，两个地区不管从地理位置还是项目开展前居民生活状况看，都差不多。“是不是可以效仿一下？”

One day at the end of 2007, chatting with villagers in neighboring Heilongjiang Province where he was attending a meeting, Jia was told that a local processing base, which had begun operating a year before, was yielding benefits for residents nearby. The two places shared similarities in location and ways of living, thought Jia. “Can we introduce something similar?”

回到连部，贾指导员和臧连长就约来了几个村的村委会，把办加工基地的想法讲给了大家。大家一致赞同。上草帽村的村长王月林说，我们这里最有名的就是山野菜，但野菜的保质期太短了，每年春天采集很多，吃不了，也卖不完，多浪费。桦树村和兰家村也想到了各自有名的延边黄牛和木耳。

Back at camp, Jia and Zang met with the three village committees and proposed setting up processing facilities, an idea welcomed by all. Wang Yuelin, village chief of Shangcaomao, said his village harvested wild potherb every spring, yet much of it rotted because they lacked proper preservation facilities. The other villages of Huashu and Lanjia said it might work for their Yanbian Ox and edible fungus.

很快，三个村就将山野菜加工厂、黄牛养殖场和木耳养殖场的三个项目书递交给了当地政府，由连队出面协调场地事宜，县政府出资与村民集资结合，三个基地很快建成，2008年3月正式投入运营。

“现在每家每户养着一两头牛，两三袋木耳，年收入可以提到平均每人四五千。有基地统一供收和定期辅导，比之前靠天吃饭强多了。”贾指导员说，“只有让村民们的日子过好了，他们才能踏实过日子，心才能向着部队，不论是了解情况还是请求帮助，群众才用更大的热情来响应你。”

Soon, the three villages submitted their plans for a potherb processing factory, an ox farm, and a fungus farm to the local government. On approval, the troop helped find locations, and the facilities opened in March 2008, with the funds allocated by the county government and those contributed by the villagers. “Now every household keeps one of two oxen, harvests two or three bags of fungus, and the annual income is 4000 to 5000 yuan per head. With the facilities as purchasers and training providers, villagers no longer live at the mercy of the weather,” says Jia. “We believe that only after ensuring better and stable lives can we win over villagers' hearts. They will respond to our requests for information or cooperation with greater enthusiasm.”

“在我们这可能*表现得不是那么明显*，因为我们的群众基础一直都很好。不过去年春节我们这儿金大爷说的话让我印象深刻。他大年初三一早带着7岁的孙子提了块自家打的糍粑来到连部，话不多，除了用朝鲜语问新年好和一堆吉祥话以外，还专门拉过小孙子握着我的手对孩子说‘吃水不忘打井人’。对于我们基层工作的官兵来说，人们这种最直接的认可，就是最大的认可。”

“The change might not be *immediately visible*, as our relations with the people have been good, but the words of an elderly resident surnamed Jin did impress me. On the third morning of last Lunar New Year, Jin visited the camp with his 7-years old grandson and some homemade glutinous rice cakes. He hadn't said much apart from auspicious words and greetings in Korean, but he put his grandson's hand in mine and told the boy to 'be grateful to the diggers when drinking well water.' Such recognition from the people means more than anything to grassroots *officers* like us."

【在第二部分，译者调整的力度不如第一部分大。虽然译者改动了小节标题，但是并没有相应地、较为综合地改动叙事视角，而是基本上采用了直译的手段。其结果是：目标读者很可能无法理解中国军队为什么要去操心驻地的经济建设问题。

其实，为什么部队要操心经济建设，原文中是有答案的，不过答案给在了文章偏后的部分。第二部分一共 6 个自然段，第 1 个自然段就提出要“调动他们积极性”，却没有明确要调动驻地群众什么方面的积极性，以及为什么要调动积极性，一直到第 5 自然段结束时才说明积极性是指“心向着部队”，而调动积极性的目的是在部队需要“了解情况、请求帮助”时能得到群众的积极响应。这个“答案”公布得确实有些晚，但却不会妨碍汉语读者做出符合记者期待的“正确”解读，这一方面是因为汉语读者习惯了子弟兵和驻地群众间的各种互动，不会觉得连长教导员“不务正业”，另一方面也是因为汉语的行文习惯是将重要的事情放在最后来讲。

但是，在语言外因素和写作规范本身的双重影响下，普通的英语读者会很难理解该部队的思路和做法。可能是因为《中国军队》要求译文基本上与原文段、段对应，所以限制了译者的操作。如果要取得更好的宣传效果，最好将本小节的内容也进行彻底重组：先说明“只有让村民们的日子过好了，他们才能踏实过日子，心才能向着部队，不论是了解情况还是请求帮助，群众才用更大的热情来响应你”，让目标读者理解连队为什么要操心地方的经济发展，然后再概述连队在创建三个基地中所起的作用，可以不必如原文那么强调细节。

从长远来看，正是要靠不断让目标受众接触“陌生”的内容，才能帮助他们真正理解我们的军队，宣传文本具有“陌生性”本身是正常的，虽然陌生的内容不是那么容易得到接受。但也正因为如此，叙事文本的构建就必须讲技巧，至少要让目标受众觉得我们的宣传文本在叙事构建方面无懈可击。】

连队就是村里的一户

和我们见惯的深宅大院不同，除了哨兵岗亭，一连的连部从外面看上去与村里其他住宅并没太大的区别，灰房灰瓦。部队的生活气氛也如这营房一般，完全融入当地村民的日常生活。

Communal Duties

Unlike a typical Chinese base with enclosed quarters and grounds, only the sentry distinguishes the gray-tiled houses of the 1st Company from other village homes. Lives here also blend in with other parts of the village.

每周六，是一连二班固定的大扫除日子。和平常一样，班长杜传洲带领班里 6 个小战士起了个大早，麻利地干完了连部规定的打扫任务，随后和连长打了声招呼，直奔村里老人金德成的住处。金德成老两口都 70 多岁了，膝下无儿无女，没有经济来源。从 1995 年开始，一连二班就开始照顾两人的日常起居：打扫屋子，买菜送饭，添衣加瓦。

Every Saturday, the six young soldiers of Squad Two, led by squad leader Du Chuanzhou, would rise early, do the weekly clean-up, and then head to the house of Jin Decheng. Jin and his wife, both in their 70s, had no children and no source of income. Since 1995, the class had shouldered the couple's household chores, cleaning, shopping, and house maintenance.

虽都说"铁打的营盘流水的兵"，但二班的帮扶项目一代代传了下来。直到 2003 年和 2010 年，两位老人先后离世，这个长达15年的帮扶项目才宣告落幕。“不管兵换了几轮，我们都要保证两位老人的生活。”一连指导员杨威说，“我们*部队驻扎在这儿就是村里的一户人*，照顾他们就像照顾我们自家的老人一样。这个习惯最早应该是20世纪60年代从部队在这里驻扎开始就逐渐养成的。”

A tradition for every intake of soldiers, it ended when the couple died in 2003 and 2010, respectively. "Although soldiers in the squad changed over the years, the duty of care for the couple did not," says 1st Company political instructor Yang Wei. "*The village is our home*, and we take care of the elderly like our own family. It's a tradition that started in the 1960s, when the troop first made camp."

村民们也把这间*只有哨兵、没有栅栏的房子当成他们中的一分子*，不过是他们遇到困难可以求助的那“*户*”。贾指导员说，如果附近有村民突发疾病需要用车，他们首先会来连部问问我们的巡逻车可不可以捎带着，如果谁家的木耳来不及收了就会来问问连队战士们有没有时间帮忙出出力。“还有我们最常遇到的求助，就是村民谁家的牛跑上山了，请战士们在巡逻的时候帮忙找找看。村民的求助往往都是些很琐碎的小事，对我们来讲多是举手之劳，但对具体到一家一户的村民来说却不是。而且，他们在需要帮助的时候能首先想到我们，*对我们来讲*也是一种信任。”

Villagers *see the soldiers as part of the community and turn to them* in times of trouble. Families ask for a lift in a patrol vehicle if someone falls ill suddenly, says Jia, or for soldiers to help harvest fungus. "The most common request we receive is to look for lost cattle while on patrol in the mountains. To us, these are minor matters easily solved, but they mean a lot to the families. That the villagers come to us in such times shows their trust *in the army.*"

记者注意到由于这里和朝鲜接壤，部队防区内近一半居民都是朝鲜族人，而我们驻扎在这里的士兵则多是汉族，又都是十几二十岁的年轻人，不免有点小担心。连长唐聆深听后哈哈一笑，说道："朝鲜族和汉族生活起居上并没有什么特别不同的风俗，他们在意的，我们也在意，比如爱干净、讲卫生、尊老爱幼等等。我们在一起生活，'犯戒'的机会完全为零，也就不会有什么有碍民族感情的事了。"

Along the North Korea border area, almost half the local people are ethnic Koreans, while most of the young soldiers are Han. *Asked about the different cultures*, Tang Lingshen, the company commander, said "Koreans are not that different from Han in their habits and customs. They pay attention to hygiene and respect the elderly, and so do we. The possibility of offending their customs amounts to zero."

唐连长顿了顿："如果非要说有什么不同，那只有民族服饰了。每年春节他们都会穿上朝鲜族的传统服饰到军队来给我们拜年，场面可热闹了。"

"But if there is much difference, it must be their traditional dress. Every Lunar New Year, they *visit* our camps dressed in their costumes, which are quite spectacular."

【第三小节的总体情况与第二小节相同。原文中包含富有中国特色的内容（村民要求用巡逻车送医，请战士帮着收木耳等。这些请求在西方受众看来是很奇怪的，因为这不属于军队的职能范畴，甚至会影响妨碍军队履行正常职能；而中国军队确实响应了这样的"不合理"要求，西方受众就会更加觉得奇怪了），译者几乎没有做出什么调整。此外，第三小节缺乏第二小节那样的一根明确的“主线”，所以就更难通过调整结构、调整语序等手段来重构原文的叙事。

单从叙事文本构建的角度而言，很难预判这一部分的宣传效果。

整篇软新闻稿中，第二、第三部分占据约三分之二的篇幅，因此也很难预判全篇的宣传效果。比较合理的做法是，收集受众反馈信息，以此判断今后是否可以选择这种类型的软新闻稿件。】

附录3：问卷调查

A Questionnaire

1. This piece of news is ________ .

a. Interesting

b. Boring

c. Confusing

2. 【如第一题答复为 a 则弹出本题】In what aspects do you find this piece of news appealing?

a. Providing the information Iam interested in

b. Presentinga true picture of the PLA

c. Ina clean-cut structure and a satisfactory language style

【如第一题答复为 b 或 c 则弹出本题】What do you think contributed to the failure of this piece of news?

a. Showing no sound judgment

b. Depicting things of minor consequences

c. Difficult to understand the story presented

3. What do you think of its language?

a. Fluent，posing no difficulty of reading or understanding

b. Awkward，but comprehensible on the whole

c. Chinglish，difficult to understand

4. How can the language be improved?

a. Reducing expressions loaded with ideological features

b. Giving each paragraph a focus

c. ______________________________

5. What's your impression of the PLA?

____

____

____

6. What are you interested in concerning the PLA?

____

____

____

后　记

本书在我博士后研究报告的基础上修订而成。在解放军国际关系学院进行博士后研究期间，学院首长、机关和英语系给予了我极大帮助，谨借此机会表达衷心感谢！同时，感谢解放军外国语学院给我提供了学习提高的机会，我个人的成长离不开学院多年的培养。

特别要感谢合作导师葛校琴教授。我受教于葛老师，始自读博访学之时。她视野开阔，细腻敏锐，既熟谙翻译研究的历史脉络和发展趋势，又往往能在众人熟视无睹的现象中发现新的研究视角。能够拜葛老师为博士后合作导师，三生有幸！

纵观中国翻译史，从佛经翻译，到明末科技翻译，到清末西学翻译，到五四文学翻译，到当今多语种多领域的翻译，外译汉基本都占据主流。我们的国家和民众急于通过翻译汲取外来的知识和力量，也正是在翻译活动及各类译作的推动下，中国才取得了当今令世人瞩目的发展成就。这样的发展历史带来了这样的现实问题：中国的传统翻译研究大多聚焦于外译汉，又由于一直以学习为目的，原文地位之高无可撼动，相应影响了翻译的原则标准确立，也影响了翻译的具体操作步骤。

可以预言，时代发展到今天，汉译外将与外译汉具有同等重要的社会功能，也将取得与外译汉同等重要的社会地位。而由于汉语思维表达的自身特点和中外国家软实力的差异，汉译外有别于外译汉，是需要专门研究的领域。其中，外宣翻译因目标明确、受众明确，是需要专门研究的分领域。本书在细致梳理及理论反思的基础上提出了外宣翻译的建议流程，能为新译员培训提供直接指导，也能为资深译员反思并提高翻译能力提供一定借鉴。

不可否认，从事翻译的学界和业界之间历来存在一定程度的脱节，没有接触过翻译理论却能做出出色译文的，历来大有人在；能做出出色译文却又无暇总结反思自己操作依据的，历来也大有人在。理论研究者自嘲曰：能者译，无能者教翻译，正是这一现象的真实写照。然而，随着翻译行业本身的发展壮大，翻译的专业性和职业性日益凸显，从事翻译工作的人也越来越多，如果能从翻译实践中进行挖掘反思，然后以深入浅出的形式将理论研究的成果告知翻译实践者，尤其是新入门者，必将极大缩短他们自行探索领悟的时间。这样的研究成果，必将帮助译者在每一步翻译操作中做到有据可依，胸有全局，帮助他们快速成长为合格乃至优秀的译者，为中国的翻译事业做出更大贡献，为国家的发展做出更大贡献。

我真诚地希望，本书向这个目标接近了一点。

囿于本人的学识素养，书中不足错漏之处，恳请批评指正！

许　宏

2016 年 10 月